知识让世界更简单！

湛庐文化
Cheers Publishing

LEADERSHIP WISDOM FROM THE MONK WHO SOLD HIS FERRARI

"卖掉法拉利的高僧"系列

唤醒心中的领导者

职场领导力的8个拼图

[加]罗宾·夏玛◎著　韩波◎译

浙江人民出版社
ZHEJIANG PEOPLE'S PUBLISHING HOUSE

the MONK who sold his FERRARI

“我一个周末就读完了这本书，但是它改变了我的一生。”

这句话出自英格兰橄榄球国家队中卫威尔金森。

2003年他助力英格兰国家队夺得世界杯冠军，这一壮举被永载史册，

然而这位功勋球员随后的职业生涯一波三折，饱受伤病困扰，

身心俱疲，被迫离开国家队1169天之久。

蛰伏3年后，威尔金森复出，随即勇夺六国赛“得分王”称号。

让威尔金森重获新生的就是《卖掉法拉利的高僧》。

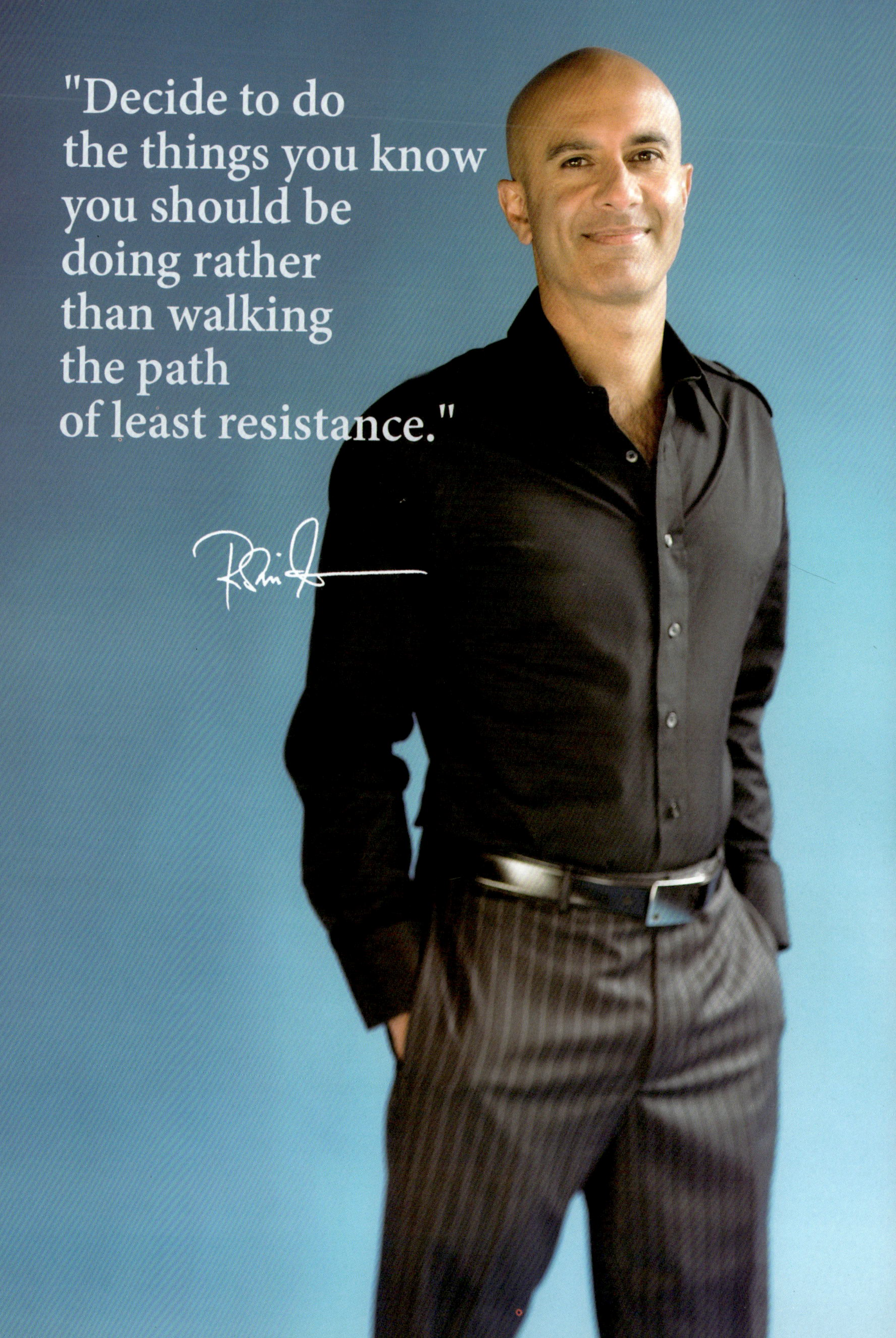
"Decide to do
the things you know
you should be
doing rather
than walking
the path
of least resistance."

THE 7 devotions
of Leaders
Without Titles
1. Be So Good at What You Do We Can't Take Our Eyes Off You.

> “There is nothing noble about being superior to some other person. True nobility lies in being superior to your former self.”

2012年5月9日，在“终极成功峰会”（The Success Summit）为数千名观众演讲

罗宾·夏玛的传奇

《卖掉法拉利的高僧》的作者罗宾·夏玛是个传奇人物，他是世界顶级私人心灵导师、杰出的领导力大师，他的粉丝遍布各行各业，其中不乏皇室成员、国家元首、名流巨子。诺贝尔和平奖获得者图图大主教、约旦公主哈雅、以色列总统佩雷斯、摇滚巨星邦·乔维、巴萨球星普约尔、国际影星杨紫琼、知名艺人伊能静，都是他忠实的读者，而微软、通用电气、耐克、联邦快递、IBM这样的世界500强企业也竞相邀请他为自己的员工培训、演讲。

在知名网站 www.leadershipgurus.net 举办的领导力调查中，夏玛位列第二。与吉姆·柯林斯、杰克·韦尔奇、史蒂芬·柯维、肯·布兰佳、沃伦·本尼斯、汤姆·彼得斯、约翰·麦克斯韦尔等大师齐名。

从影响身边的人到影响世界

夏玛的人生故事之精彩，丝毫不逊色于他的那些知名粉丝们，他毕业于加拿大达尔豪斯大学法学院，是一名优秀的诉讼律师，然而他的梦想是为更多人的生活带来改变，而不仅仅是做他们的委托律师。

十几年前，夏玛自费出版了自己的第一本书，书稿的编辑是他的妈妈，影印装订是在城里的金考复印店完成的，2000本书就储存在自家的厨房里。新书发布会时，只来了23个人，其中21位是他的家人。直到哈珀柯林斯出版集团时任总裁在书店发现了正在签售推销的夏玛，随后的故事就像现代版的灰姑娘，而水晶鞋就是《卖掉法拉利的高僧》。该书全球销量超过600万册，有60多个国家和地区引进版权，更是在多个国家书写了图书销售的新篇章。

《卖掉法拉利的高僧》是以色列历史上第5大畅销书；雄踞印度畅销书排行榜前10位达两年之久；亦是土耳其历史上销售速度最快的图书；在日本、西班牙、英国、迪拜、墨西哥、新加坡、波多黎各销售也异常火爆。

与毛里求斯总统贾格纳特合影

与维珍集团总裁布兰森激情对谈

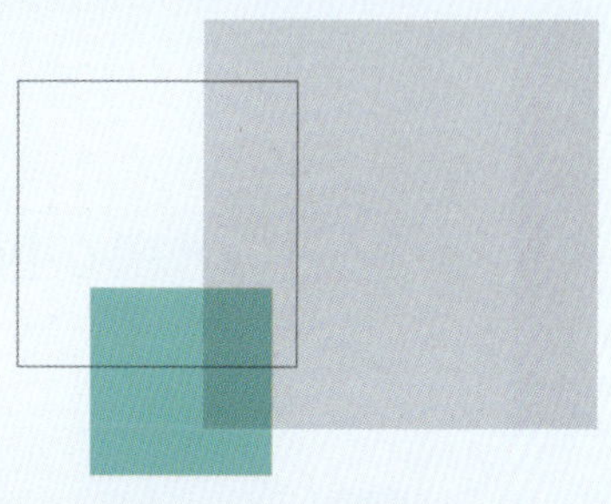

追寻高质量的人生

夏玛这位精力充沛的筑梦者不仅写书，还担任教育服务机构夏玛领导力国际公司的CEO，并参与创办网站www.960vets.com，帮助美国退伍军人成功地重新融入平民生活。他还是名摇滚歌手，英俊的外表和儒雅的气质让他成为橙色唱片公司的签约艺人（你可以在www.robinsharma.com上看到美国有线电视新闻网关于他的视频）。他那极具吸引力的语言表达和人格魅力感染着万千听众，是一位不折不扣的职业演说家。

从自费出书到百万热销，从优秀诉讼律师到顶级心灵导师——夏玛用自己的人生告诉你，去为自己的梦想而活！

By Robin SHARMA

幸福家庭 the 5 大要诀

唤醒心中的领导者2

1. 价值观 ◆ 塑造家庭文化

选择难走的路，为孩子的成长负起责任。给孩子建一个小图书馆，创建学习型文化。

2. 情感 ◆ 释放人性瞬间

发现人性瞬间，触动他人心灵。信守承诺，赢得信任。专注倾听，加深信任。诚实说话，正直做人。

3. 天赋 ◆ 引导孩子发现强项

教给孩子的四项修炼：每日进行展望；每周订立目标；常与巨人同行；以慈悲之心付出。

4. 自我 ◆ 个人新生，自我重建

如果你不爱自己，就无法真的去爱孩子们。成为一道光芒，为家人照亮黑暗笼罩的地方。

5. 传承 ◆ 人生的理想和意义

倾听内心的呼唤，寻找命定的天意，开创人生的事业，满怀爱心和关注去做好每一件小事。

为热心读者签名寄语

“卖掉法拉利的高僧”系列

《卖掉法拉利的高僧》

《唤醒心中的领导者1》

《发现自我，一个晚上的人生功课》

《生命尽头，谁将为你哭泣》

《唤醒心中的领导者2》

《你喜欢怎样的自己》

献给我的女儿比安卡，
愿你永远做一个快乐的天使。

献给《卖掉法拉利的高僧》的众多读者。
你们百忙中抽时间告诉我如何被这本书感动，
你们也感动了我。

献给所有与下属相互信任的领导者。
你们对这种信任关系的尊重让我钦佩，
你们帮助下属释放了才华，
并让他们的生活更幸福。

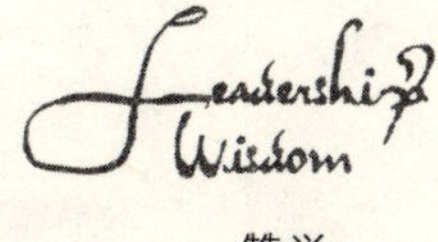

赞誉

力荐“卖掉法拉利的高僧”系列的知名人士有：

杨紫琼、伊能静、畅销书《牧羊少年奇幻之旅》作者保罗·柯艾略、畅销书《心灵鸡汤》合著者马克·维克多·汉森、棒球明星卡洛斯·德尔加多、畅销书《销售中的心理学》作者博恩·崔西、《成功》杂志已故出版人斯科特·德加莫、畅销书《生活简单就是享受》作者伊莱恩·詹姆斯、《因为懦弱，所以勇敢》作者乔·泰伊、Karat 国际咨询公司总裁乔治·威廉斯。

知名媒体及机构有：

《埃德蒙顿日报》、《金斯顿辉格标准报》、《卡尔加里先驱报》、《投资管理者》杂志、《哈利法克斯每日新闻》、《纪事先驱报》、《渥太华市民报》等。

夏玛将指导你找到真实心灵自我中最重要、最有意义的一部分，而不会为物质财产所迷惑。

杨紫琼
国际著名影星

读罗宾·夏玛的《和尚卖了法拉利》，记下一句话送给自己："危机"这个词，前一个字代表"危险"，后一个字代表"机会"。当心中有危机感时，我们往往只看见"危"却遗忘了"机"。于是我们陷在"危"的情绪里，却没有沉静下来看见，强大的生命时机正悄然来临。

伊能静
知名艺人

一个给人启迪、使人愉悦的迷人故事。

保罗·柯艾略
畅销书《牧羊少年奇幻之旅》作者

本书非常令人感动，它会让你受益终生。

马克·维克多·汉森
畅销书《心灵鸡汤》合著者

一本优秀的著作，一种激励人心的观点。

卡洛斯·德尔加多
棒球明星

本书将带领你在个人发展、个人成效和人生幸福领域，展开一场精彩、有趣而新奇的冒险，书中包含的智慧宝藏将为每个人带来丰富人生、提升人生的机会。

博恩·崔西
营销大师、畅销书《销售中的心理学》作者

罗宾·夏玛向所有人传达了一条重要信息，一条可以为我们的人生充电的信息。在这个狂热的年代，他撰写了一本独一无二的个人价值实现手册。

斯科特·德加莫
《成功》杂志已故出版人

罗宾·夏玛创作了一段醉人的故事，将经典的转型工具融入简单的生活哲学之中。本书既能改变你的人生，也能让你获得身心愉悦的享受。

伊莱恩·詹姆斯
畅销书《生活简单就是享受》作者

本书为人生中的重大问题指明了希望之光的方向。

《埃德蒙顿日报》

“卖掉法拉利的高僧”系列图书大有裨益，值得一读……此书能帮助读者适应当下这个竞争激烈的社会。

《金斯顿辉格标准报》

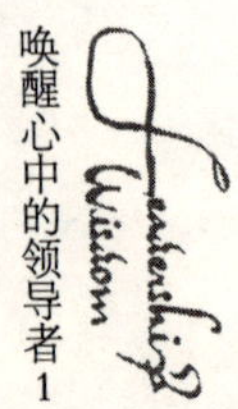

每个人都能从中受益的简明智慧。

《卡尔加里先驱报》

本书可被视为个人发展领域的《富有的理发师》。其中关于人生重要课题的深刻见解和思想，能为我们的日常生活带来更多的平衡、控制力和成效。

《投资管理者》

一笔宝藏！可谓成功与幸福的优雅而强大的公式。罗宾·夏玛抓住了各个时代的智慧，并将其与现今这个动荡的年代联系在一起，令我不忍释卷。

乔·泰伊
《因为懦弱，所以勇敢》作者

实现个人潜力的简明规则。

《哈利法克斯每日新闻》

夏玛为读者指引了个人启迪的方向。

《纪事先驱报》

一个美妙的寓言，揭示了一连串提升人生质量的简单而独具说服力的思想。我会向我所有的客户推荐这本书。

乔治·威廉斯
Karat 国际咨询公司总裁

罗宾·夏玛提供了在精神道路上自我实现的指南。

《渥太华市民报》

本年度最优秀的商业著作。

《收益》(*Profit*)
加拿大权威商业杂志

信息量非常丰富，简单易读，十分有帮助……我们已经为管理团队和店面营业员推荐了此书，他们的反馈是：非常有用。

大卫·布卢姆
加拿大 Shoppers Drug Mart 公司首席执行官

罗宾·夏玛用一种清新直白的方式，为如今最为紧迫的领导力问题给出了强大的解决办法。在商界人士被各种行业术语淹没的今天，这样一本书让人耳目一新。

伊恩·特纳
加拿大天弘集团学习中心经理

本书是一座蕴藏着智慧和常识的金矿。

迪安·拉里·塔普
美国西安大略大学理查德·艾维商学院

这是一本了不起的书，能帮助商界人士实现更有成效的领导生活与个人生活。

吉姆·奥尼尔
加拿大伦敦人寿保险公司区域销售部运营总监

高僧为人们指出了在商业生活中寻找平衡的方法……本书很有用处。

《多伦多之星报》

夏玛的使命是为读者提供深刻的思想，帮助他们成为富有远见的领导者，并将公司转型成为能在这一变革时代取得成功的组织。

《促销》杂志

夏玛将东西方伟大哲学家的智慧融会贯通，并将其应用在商业世界。

《自由》杂志

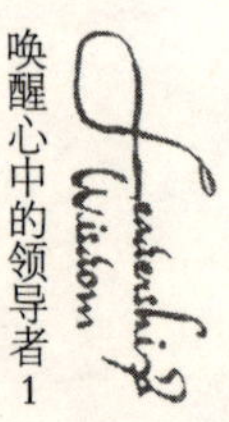

Leadership Wisdom

中文版序 为自己的梦想而活

“卖掉法拉利的高僧”系列丛书即将在中国出版，能够写下这篇序言，和大家分享这套丛书的故事，我深感荣幸！

每一个伟大的梦想都有一个不太惊天动地的开始。我的梦想（和大家分享那些改变了我人生的想法、策略以及日常方法）始于自费出版一本小书。那是很多年以前，我还是个事业成功但精神空虚的律师，我拼命努力奔向“成功”，却渐渐丢失了自己。后来我才发现，应该按照自己的想法潇洒自如地生活。任何人都不想在生命的尽头才意识到，这一生都是在为实现别人的梦想而活，却因此丢失了真实的自我。于是我决定做出改变，白天做法律方面的工作，晚上就静下心来写书。但当时没有出版社看好我的书，我就自己出钱，在复印店里一本一本地印。

经过几个月的努力，我终于出版了自己的第一本书：《卖掉法拉利的高僧》。我把它拿到公共服务社和集市上卖，在新书研讨会上向人们介绍其中关于希望和幸福的那些激励人心的故事。一箱箱的书码放在我的小公寓里，在面积不大的餐厅里筑起了一道墙。

一开始，人们都嘲笑我，认为它能卖好的可能性几乎为零。但是，我仍然充满热情地追求我的目标：帮助大家开发个人潜能，让人们拥有成功且意义非凡的人生。步履维艰时，我也曾想过放弃，回归体面的律师工作和舒适安逸的生活。但是，最初的信念终究战胜了一切困难和恐惧。

如果舒适的生活意味着放弃梦想，那活着又有什么意义呢？令人遗憾的是，有许多人都选择了“避风港”式的生活，却没有觉察到，他们放弃的是“为自己的梦想而活”的宝贵机会。人生最大的冒险就是不冒任何风险。对于每一个愿意倾听本书所传递的讯息以及我内心深处所珍视的信仰的人，我都会反复地告诉他：这个世界上没有谁是多余的。我们每个人都渴望发现自身特有的自信、力量和勇气，展现自己的天赋，这将决定我们能够成为怎样的人。在变幻莫测的人生旅途中（即使是在最艰难的时刻），每个人都能感到幸福，也都值得拥有幸福。每个人都能成为对他人有用的人，通过改变自己而为身边的人带来积极的影响。

我怀着坚定的目标继续履行我的使命，尽最大的努力屏蔽来自批评者和反对者的声音。就在这个时候，改变我人生的事情发生了：人们开始对我的书有所回应，他们被书中蕴涵的寓意感动，人生也由此而不同。读者们体验到的惊人改变令他们欣喜若狂，不仅自己爱上了这本

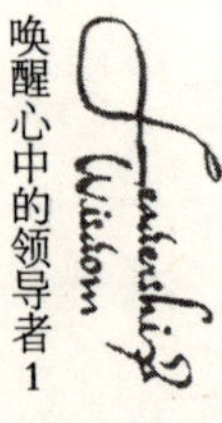

书，还把它推荐给了身边的每一个人。

第一本书获得成功后，我又陆续出版了《唤醒心中的领导者 1：职场领导力的 8 个拼图》《唤醒心中的领导者 2：幸福家庭的 5 大要诀》《发现自我，一个晚上的人生功课：自我觉醒的 7 段旅程》《你喜欢怎样的自己：活出痛快淋漓人生的夏玛法则》以及《生命尽头，谁将为你哭泣：以终为始的人生智慧》。这几本书主题各异，体裁和写作方式也不尽相同，但都在讲述如何获得高质量的人生。

15 年来，我很幸运地来往于世界各地，和读者们交流，向大家讲述这套书中的人生至理。很多人通过阅读这套书创造出了不同寻常的人生。在这个过程中，我自己的梦想也变成了现实。不过，我最大的快乐是尽到了自己的责任，那就是提醒人们：生命非常短暂，当下就是最佳时机，打破你的局限，过你想要的生活，成为最强大的自己。当人生走到尽头时，你将以最完美的姿态离开这个世界。

非常感谢大家阅读这套书籍。我想把亲爱的父亲经常说的一句话送给大家：“当你降临人世，世界在你的啼哭声中欢笑；当你离开人世，世界在你的笑容中落泪。人生就该这样度过。”

祝愿每个人都能拥有这样的人生。我怀着无限的感激和由衷的敬意，希望你们能够喜欢这套书。更重要的是，我希望大家遵循书中的人生至理，创造值得拥有的人生。

罗宾・夏玛

人生的真正乐趣在于，将毕生投身于实现自己视为伟大的目标，做一个像拥有大自然的力量般勇往直前的人，而不是满腹牢骚、头脑狂热的无知小人，成天抱怨世人没有竭力讨好自己……我愿付出自己的全部。 因为我越是努力工作，我的生命便越有意义。 活着本身就是一大幸事。 对我而言，生命并非短短的蜡烛，而是必须高举的熊熊火炬。 在将它传给后世之前，我要让它绽放出最夺目的光芒。

—— 萧伯纳

目录

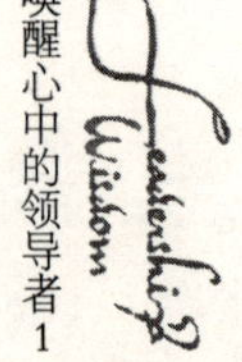
Leadership
Wisdom

第 01 章

扫地出门

除了你自己，谁都无法将你击败。

那是我这辈子最悲惨的一天。就在前一天，我刚刚享受了一个难得的悠闲周末，领着孩子们去登山，一路上欢歌笑语。然而第二天一早，当我意犹未尽地来到公司，走向我那间视野极佳的办公室时，却看见两个五大三粗的保安正站在我的红木办公桌前。我急忙小跑过去，发现他们竟然在乱翻我的文件，还偷窥我电脑里那些珍贵的资料。他们旁若无人地折腾，最后终于有一个保安意识到了我的存在，这时我已经气得快要爆炸了！那个家伙面无表情地看着我，说："富兰克林先生，你被解雇了，你必须在我们的监视下立即离开这栋楼。"我顿时感觉像是被人在胸口狠狠地踹了一脚。

我就这样被草草打发了。一夜之间，便从整个美洲大陆发展最迅速

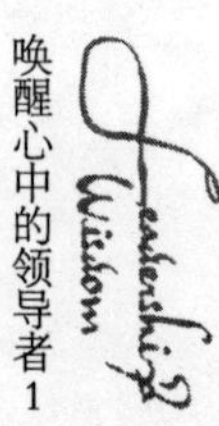

的软件公司高级副总裁，沦落为一个前途渺茫的失业者。相信我，被炒鱿鱼这件事对我犹如晴天霹雳，我的词典里从未出现过“失败”这两个字。突然遭遇这种变故，我变得茫然不知所措。在大学时代，我一直是个意气风发的幸运儿——成绩名列前茅，身边美女如云，前程一片光明。我曾参加过校田径队，当选过班长，甚至还在闲暇时为校内电台主持过一场超级受欢迎的爵士音乐秀。无论从哪方面来说，我都显得才华横溢，所有人都认为我注定会成就一番大事业。甚至有一天，我无意中听到一位老教授对同事说：“如果有机会重新活一次，我希望成为彼得·富兰克林那样的人。”

艰苦奋斗

不过我得声明一下，我并不像所有人认为的那样真的是天赋异禀。之所以取得这么多成就，其实是因为我一直坚信“吃得苦中苦，方为人上人”，还因为我对成功充满了强烈的渴望。多年以前，我的父亲移民到这个国家，当时他身无分文，怀揣的只有对未来的满腔热情，期盼着能通过自己的努力，为家人带来更多的安宁、希望和快乐。他改了姓氏，在城里治安最好的小区里找了一套公寓把家安顿下来，然后便进了一家工厂，开始没日没夜地辛勤劳作，拿着最微薄的薪水养家糊口，一干就是40年。虽然父亲从来没有接受过正式教育，但他却是我见过的最聪明的人。直到最近，我才遇到一个更加睿智的人，一个不去结识我就会抱憾终生的人。稍后我会讲述更多他的精彩故事，我保证你会对他刮目相看。

父亲对我的期望很简单：在最好的学校接受最好的教育，以保证我能获得一份理想的工作，这样收入就不会成为问题。至少他是这么认为的。他坚信，知识改变命运。“不管遇到什么事情，彼得，没有人能夺走你脑子里的知识。无论你在哪儿或干什么，知识都将是伴你一生的知己。”他常常在晚饭后对我这么说。每天，他都要埋头苦干 14 个小时，回到家时早已筋疲力尽，而他就这样在那家工厂兢兢业业干了大半生。我的父亲是个真正的男子汉。

父亲还是个很会讲故事的人。在他的故乡，大人们总是通过寓言把成长的经验和智慧传给下一代。因此，他把这个优良传统也带到了后来安居的国家来。一天中午，母亲在为父亲做午饭时，倒在了我家那个破旧的厨房里，再也没有醒过来。从那天开始，直到我和哥哥长到十来岁，父亲每晚都会给我们讲一个动听的故事，伴我们进入梦乡。那些故事总是蕴涵着一些人生哲理，我对其中一个故事的印象特别深刻。

一个老农在去世前，把他的三个儿子叫到床前，对他们说："孩子们，死神要来接我了，我的时间不多了。但在走之前，我要告诉你们一个秘密。在屋后的那片地里，埋藏着一大笔金银财宝，挖深一点儿，你们就能找到它，以后你们就再也不用为钱发愁了。"

老人去世之后，三个儿子便飞奔到那片地里，开始疯狂地挖掘。他们拼命挖了好几个小时，随后又挖了好几天，直到用尽了所有力气，把整片地都翻了个底朝天，可还是没有看到一丁点儿财宝的影子。最后，他们垂头丧气、心灰意冷，责怪父亲骗了他们，可是又想不明白父亲为什么要这样愚弄他们。然而秋天来临时，三个儿子在这片因他们的疯狂挖掘而变得肥沃的土地上获得了有史以来最大的丰收，他们的生活很快便宽裕起来，从此，真的再也不用为钱发愁了。

因此，从家父身上我学到的是执著、勤奋和吃苦耐劳的精神。在读大学时，我废寝忘食地发奋读书，就为了保持名列前茅，不辜负父亲对我寄予的厚望。我几乎每次都能拿到奖学金，并且每个月底都会给日渐年迈的父亲寄去一张小额支票，这是我课外打工赚来的，作为

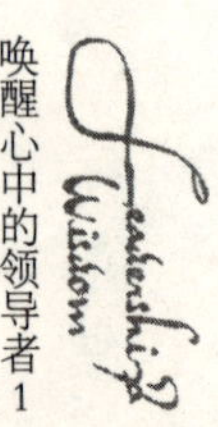

对父亲的小小回报。临近毕业时，我获得了一家高科技公司的邀请。这家公司名叫“迪吉特数码软件公司”，在当时这是很多人争先恐后想进入的一家大企业。我得到了一个待遇丰厚的管理职位，我很喜欢这个领域。

这家公司的业绩惊人，专家预测在很长一段时间里它将保持飞速的增长。因此，当公司主动邀请我加入，并将我列为重点培养对象时，我感到无比荣幸。我毫不犹豫地接受了这份工作，开始了每周 84 小时的埋头苦干，一心想证明我完全对得起这份极高的薪水。可万万没想到的是，就是这家公司，会在 7 年后如此地羞辱我。我这辈子从来没有受过这样的羞辱。

在迪吉特公司最初几年里，一切都很不错，可以说是一帆风顺。我结识了一些志同道合的朋友，学到了很多经验，没过多久就晋升到了管理层。我成了公司的风云人物，所有人都知道公司里有这么一个年轻人，头脑敏锐、工作勤奋，并且真心实意地在为公司付出。虽然从来没有人教过我应该如何管理和领导一个团队，可他们就是不停地提拔我，使我一路青云直上。

不过，这还不是我最难忘的经历。我在迪吉特软件公司的日子里，最幸运的事无疑是邂逅了萨曼莎，并最终娶她为妻。她同样年纪轻轻就当上了经理，聪颖过人，而且美得惊人。我们相识于一次圣诞聚会，并且一见钟情，很快便开始用少得可怜的休息时间频繁约会。自相遇的第一天起，萨曼莎就一直是我的坚强后盾，她对我的资质和才能深信不疑。她常常温柔地对我说：“彼得，总有一天你会当上 CEO 的。我比谁都清楚，你已经具备了一名 CEO 所需要的全部素质。”遗憾的是，不是每个人都这么想，也许他们曾经这么想过。

迪吉特公司的 CEO 是个十足的独裁主义者。白手起家的艰辛给他烙下了暴戾的印记，他的自尊心膨胀到了极点，仿佛是为了配得上他那高得离谱的薪水。合作伊始，他对我还算客气。但当人们开始谈论我的超凡能力和雄心壮志，这些议论渐渐传入他耳中时，他对我越来越冷淡，我们的私人交流仅限于几条简短的留言。萨曼莎称他为一个“缺乏安全感的愚蠢小人”。然而这改变不了他大权在握的事实，而且是绝对的权力。可能他觉得如果让我继续往上爬，最终将会威胁到他。也可能是因为，他从我身上看到了太多他自己的影子——这恐怕是他最不想看到的。

即使如此，我必须承认我也有弱点。最大的弱点，就是我那一触即发的暴脾气。如果一件事情没有按照预定的方向发展，我就会忍不住大发雷霆。我也不知道这股怒火是从哪里来的，但就是压不住，而这显然无益于事业发展。此外我还得承认，尽管我自认为是个很懂礼节的人，但说到管理方面，我实在没有什么出众的地方。就像前面提到的，我从来没有接受过任何管理方面的培训，一直都只是在凭借自己的直觉行事。我经常觉得，我的工作理念和追求完美的工作方式，并非所有的团队成员都能心领神会，这使我大为恼火。是，我经常冲下属们大吼大叫；对，我的确不愿意放权，总是把太多的责任抓在自己手上；没错，我是应该多花点儿时间和同事们培养培养感情，增强彼此间的信任。可是，工作中总是不断地出现各种问题，需要我亲自处理，导致我根本没有时间去思考那些有待改进的地方。也许，我就像沉船上的水手一样，把所有的时间都用来不停地往外舀水，却从未想过花时间去修补那个漏洞。我简直就是鼠目寸光。

最后，我终于被扫地出门。随后的那几个月确实是我人生中最黑暗的时期。感谢上帝，我还有萨曼莎和孩子们的陪伴。他们使尽了浑身解数，试图将我从情绪的低谷中挽救出来，鼓励我重整旗鼓。不过，那几个月的无所事事倒是让我深刻地体会到，人的自尊与其工作紧密相连。

在鸡尾酒会上，我们通常被问及的第一个问题就是“在何处高就”，我曾经每周都去打高尔夫，那些球友也总是会问我：“彼得，工作怎么样?”我们那栋豪华高层公寓的门卫是个聊天高手，我每次进出时，他都会问候我工作是否顺利。现在我失业了，再也不知道该怎么回答这样的问题了。

我从一个每天一大早就起床冲向地铁的大忙人，变成了一个昏睡到中午才起床的懒汉。屋子里到处是喜力啤酒瓶、万宝路香烟盒，还有黏糊糊的哈根达斯冰激凌空桶。我不再读《华尔街日报》，开始看粗制滥造的侦探小说，看无聊的八卦小报，看报上说的什么奥普拉是个外星人，猫王还健在并在西海岸开了一家麦当劳等等。我无法面对现实，不想思考，不想做事，浑身上下已经痛苦得麻木了，只有蜷缩在被窝里才能让我舒服一点儿。

柳暗花明

一天，我接到一个电话，是我的一个大学校友打来的。他在软件界打拼多年，已经成为业内的权威。他告诉我，最近他刚从一个大公司辞去了首席编程师的职务，准备自己创业。他想开发一款新软件，并且已经有了“一个绝妙的主意”，希望找一个信得过的搭档一起做，而我是他的首选。我至今还记得他当时说的话。“这是个能干出一番事业的机会啊，彼得!”他仍然像以前那样激情澎湃，劝我说，“来吧，一定会成功的!”

一方面，我并没有足够的信心接受他的邀请。创业从来不是件轻而易举的事情，尤其在高科技领域更是险阻重重。如果失败了怎么办？就像这次，我失业后家里的经济状况急转直下。在我还是迪吉特的高级副总裁时，丰厚的报酬使我们得以过着一种我父亲从不敢奢求的富足生活。我开着最新款的宝马，萨曼莎开着她心爱的奔驰，孩子们读的是私立学校，暑假则会参加一个久负盛名的帆船夏令营。单是我的高尔夫球俱乐部会员费，就超过了很多朋友一整年的收入。而现在，我失业了，各种等待付款的账单已堆积如山，曾经许下的诺言都无法兑现。现在可不是创业的好时机。

可是，另一方面，我想起睿智的父亲经常对我说的话：“除了你自己，谁都无法将你击败。”我需要抓住这次机会来振作自己，使自己从黑暗封闭的世界中跳出去。我需要重新寻回清早起床的动力，需要重获我在大学时的那种精力充沛、目标明确的感觉。那时，我坚信没有任何东西能够阻挡我前进的步伐，坚信这个世界充满了无限的可能。我很清楚，生活中总会不断有机会降临，成功只留给有准备的人，留给那些能抓住机会并好好利用机会的人。于是，我答应加入。

我们给公司起了一个响亮的名字——远见科技公司。接着，在一个倒闭了的厂房里建了一个小工作室。我被任命为CEO，我的搭档则自封为董事长。我们没有任何员工，没有办公家具，也没有资金，但我们有个超级棒的想法。我们试着逐步地将我们的软件推向市场，想先探探情况。幸运的是，市场反响非常好。不久，萨曼莎也加入到我们中来，接着我们又雇了新员工。我们的新型软件产品销量开始猛增，利润飞涨。公司运营的头一年，《商界楷模》杂志就将我们评为全美发展最快的企业之一。父亲非常为我骄傲，尽管他已86岁高龄，仍扛着满满一大筐水果冲进我的办公室为我庆祝，那一幕永远都让我记忆犹新。那天，他老泪纵横地望着我说：“儿子，如果你的母亲还在，她今天一定会非常开心的。”

一晃11年过去了，我们的公司一直保持着令人瞩目的发展势头。远见科技现在已成长为一家市值20亿美元的大公司，旗下拥有2 500名员工，并在全世界设有8家分公司。就在去年，我们搬进了新的国际总部大楼，那是一片世界顶级的建筑群，全部由顶尖科技设备建造，包括

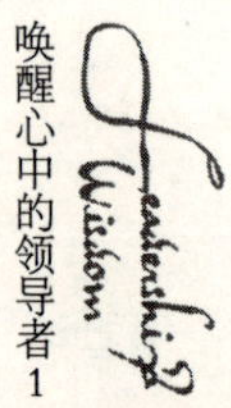

三个奥运会级别的游泳池，还有一个圆形露天剧场。我的合伙人早已不再插手公司的日常运作，大部分时间都在加勒比海的私人小岛度假，或是去尼泊尔登山。萨曼莎几年前也从领导层隐退，专心致力于她热爱的写作，而且越来越多地参与社区服务。至于我，仍然当着我的CEO，不过现在我要操心的事情太多，这消耗了我大部分的精力。2 500名员工的生计要依靠我，还有千千万万的用户，他们的日常生活已经离不开我们的产品和服务。

除了成功的喜悦外，我也有着深深的遗憾。在公司成立两年后，父亲不幸去世。虽然父亲一直认为我的公司注定会飞黄腾达，但恐怕他还是没想到，我们会有今天这样巨大的成就。我非常想念我的父亲，可是现在我责任重大，没有时间沉湎于过去。我依然很努力地工作，每周都扎扎实实地干80个小时，好几年都没有真正地度过一次假。我还像那个刚进入迪吉特公司的23岁年轻小伙子一样，勤奋、野心勃勃、充满斗志。我知道，事无巨细都要亲自过问是我的老毛病，但除此之外，我还是很成功的。直到不久前，我幸运地遇到了一位非常独特的导师，否则我至今还在为细节管理疲于奔命。

重蹈覆辙

在那次让我终生难忘的际遇之前，我的臭脾气还是一点儿没变，加上我的压力随着事业的蒸蒸日上而日益增大，我的性格也变得越来越古怪。虽然已经当了这么多年CEO，我还是不知道该如何管理和激励员工。当然，我的下属们都很顺服，不过他们并不是心甘情愿这样做，只是别无选择。他们并不甘心受我指挥，对公司也没有倾注多少热情。我端坐在华丽的办公套间里对他们发号施令，他们向来都言听计从，但不是出于尊重，而是由于畏惧。看来，我所有的权威仅仅来自我所处的地位。我也知道，这个位子并不好坐。

我想和你们多分享一些我的经历，告诉你们在这风云莫测、瞬息万变的时代，作为一个快速发展的公司的最高领导，我都遇到了哪些挑战。尽管我们的业务扩展得很快，但员工的士气却日渐低迷。我曾听到不少小道消息说，有些人觉得公司发展得太快，已经不再重视人才，而更关注利润；有些人则抱怨工作量太大，而且公司没有提供足够的资源来支持他们，导致他们无法更好地开展工作；还有一部分人抗议公司每天都在变，不是技术革新了就是领导层变更了，弄得他们晕头转向、不知所措。公司内部人员之间缺乏信任，工作效率低下，更谈不上创新。从我收集的信息来看，全公司上下几乎一致认为，我是导致这些问题出现的罪魁祸首，原因只有一个，那就是我对如何管理公司根本一窍不通。

虽然远见科技还在不断地发展，但种种迹象表明，我们很可能会面临多年来的第一次亏损。尽管我们的软件还有人买，但我们的市场份额正在降低。员工们已不如头几年那样富有创造力和激情了，这直接导致我们的产品设计不如以往那样精致和独特。总而言之，员工们已经没有心思好好工作了。我很清楚，如果任这种情况发展下去，公司的未来一定会就此断送。

幸运的是，这都是过去的事了，现在，远见科技已发生了天翻地覆的变化，重归一流企业的行列。我相信，我们还会有更大的发展空间。公司之所以有这种转变，完全是因为一套特别的领导模式，这是由一个同样特别的人传授给我的。这套简单却效果非凡的管理系统，为我们公司找回了曾经的激情，激励着大家以更高涨的情绪投入到工作中去。我们的生产力有了质的飞跃，盈利之丰远远超出了我们最疯狂的想象。我们的员工变得恪尽职守，全心全意地与公司共进退，工作起来充满斗志。更可贵的是，他们现在对工作充满了热爱，而我也很享受与他们共事。所有人都清楚地看到，整个公司已经发生了不可思议的变化。如

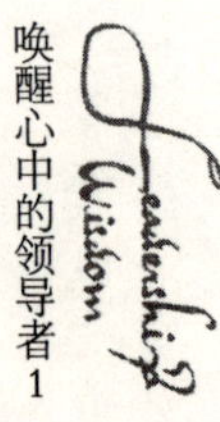

今，我们正共同努力，以期成就一项伟大的事业。

那么，这个经受了时间的考验，并且让我一跃成为商界明星的神奇的领导模式到底是什么呢？而这位让公司面貌焕然一新，助我成为高瞻远瞩的卓越领袖的智者，又是谁呢？我敢保证，这些问题的答案，也将对你的领导方式甚至生活态度产生重大影响。是时候揭开谜底了。

第 02 章

因缘际会

无论对方是热情洋溢，还是局促不安；是虚伪造作，还是诚实正直，你只要用心观察他们的双眼，就一定能够看穿。

那一幕实在是太匪夷所思了，直到现在，当我回想起来时还是觉得难以置信。那天，我刚刚主持完每周一上午的管理层例会，经理们向我报告说，公司的糟糕业绩不但没有丝毫改善，反而还在继续下滑。会上，一个经理告诉我，已经有几个高级编程师开始打算跳槽到小公司去，因为小公司会更重视他们的价值。他还说，现在管理层和非管理层之间的关系正变得日益紧张。“他们再也不信任我们了！”他愤愤地说道。

另一个经理补充说：“不仅如此，现在大家根本就是一盘散沙。以前，当公司规模远没有这么大的时候，大家都能互帮互助。如果我们要赶在截止日前发一大批货，所有人都会鼎力相助，有时候甚至加班到深夜，那些场景我永远也忘不了。我还记得，当时不管是编程师还是部门领导，大家都挽起袖子通力合作，一起帮装箱的同事整理货品，准备装车发货。而现在呢？每个人都只顾自己，我实在受不了这种冷漠的气氛了。”

虽然开会时我一反常态地保持着异常的冷静，可当我走出会议室，经过长长的走廊回到办公室的时候，马上就大汗淋漓。过去几个月的压力快把我逼疯了，我必须采取些措施阻止公司的形势继续恶化，可就是不知道有谁能帮我出出主意，也不知道究竟该怎么做。我完全可以聘请一个顾问团队，提出一些快速而有效的方案，以解燃眉之急。但这一次，我必须更深入地研究一下问题的根源。到底是什么原因，使我们的公司从一个充满了激情和关爱的大家庭，变成现在这样一个官僚主义盛行、让所有人都待不下去的地方。

在走回办公室的路上，额头的汗珠不住地往下流，湿透了衬衫。行政助理一见到我这副模样，马上冲过来搀住我。她把我扶回那间气派的办公室里，问我要不要打电话叫私人医生过来，或者连救护车也叫来。但我只是一头栽进沙发里闭上眼，完全顾不上礼貌性地应她一句。我想起在哪儿看过一篇文章说，在脑海里尽情地描绘一幅轻松惬意的画面，是舒缓紧张情绪的好方法，所以我努力试着这样做。

刚觉得稍微好一点儿的时候，一声巨响把我惊醒了，听起来像是有人朝我办公室的窗玻璃扔了块石头。我“嗖”地从沙发上跳起来，跑到巨大的窗子前想看个究竟，却连个人影也没见着。难道我最近压力太大，出现了幻觉？我慢慢踱回沙发准备重新坐下时，猛地又听见了那个声音，比上次还要响。“到底是谁这么无聊？”我很纳闷，琢磨着让助理赶快把保安叫来才好。“难道又是哪个编程师想不开，来找老板的茬儿了。”这噪音真是闹得我越来越心烦意乱！我再次冲到窗边，这一次，我看到正对着我窗下那打扫得干干净净的玫瑰园中央，站着一个人。我眯起眼睛，想看得更清楚点，结果眼前的一幕却让我无比惊讶。

神秘来客

那是一个容貌极为出众的年轻人，披着一件红色的大袍子，就跟我十多年前去中国西藏——那个美不胜收的地方旅行时，见到的当地僧人穿的袍子一样。明媚的阳光洒在这位陌生人身上，照亮他不带丝毫岁月痕迹的英俊脸庞。他的长袍随风飞扬，为他罩上了一层神秘甚至神圣的色彩。他脚穿一双凉鞋，脸上挂着灿烂的笑容。

我突然意识到，虽然我因为公司的逐渐衰败而有些操劳过度，但眼前的一切绝对不是幻觉。我恼羞成怒，把窗子捶得砰砰响，可那小子竟然一动也不动。他笔直地站在那儿，微笑依旧，然后突然开始兴奋地冲我挥手。真是太无礼了！这个蠢货不但擅闯了我的地盘，践踏了我的玫瑰园，还妄想出我的洋相。我马上让行政助理阿丽尔去把保安叫来。"让他们立刻把这个不速之客给我带到办公室来，别让他溜了！"我命令道，"我得好好教训教训他，要让他记上一辈子。"

没过几分钟，上来了四个保安，其中一个正小心翼翼地抓着那个小子的手臂，他似乎还挺配合。让我诧异的是，这小子还是一副笑眯眯的样子。他静静地站在办公室门口，浑身散发出一种沉着的力量，给人以极大的感染力。他似乎一点儿也不奇怪自己为什么会被保安拎到这里来。尽管他什么也没说，可我惊讶地发现自己产生了一种奇怪的感觉，觉得站在面前的这个人充满了智慧。我只对我的父亲有过这种感觉。这也许是种直觉，否则我也不知道该怎么解释才好。我本能地觉得，这个人虽然看起来很年轻，但他拥有超凡的智慧。我透过他的眼神觉察了这一切。

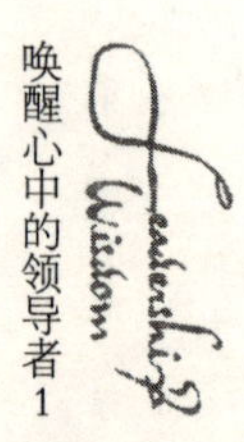

根据多年的打拼经验，我发现眼神最能透露一个人的真实想法。无论对方是热情洋溢，还是局促不安；是虚伪造作，还是诚实正直，你只要用心观察他们的双眼，就一定能够看穿。而这个年轻人的眼神告诉我，他拥有非凡的智慧，对生活充满热爱，眼中似乎还飞快地闪过一丝狡黠。阳光将我的办公室照得透亮，使得他的双眼也异常明亮。仔细一看，他身上红宝石般的长袍质地精良，剪裁也非常合身。尽管进了屋子，他还是坚持披着袍子，这让他看上去显得更加神秘。

“你是谁，为什么要朝我的窗子扔石头?”我故作镇定地问他，但我的脸却开始发烫，手心不停地出汗。年轻人仍然面带微笑，保持沉默。接着，他双手合十，向我行了一个印度式的传统问候礼。

“这个家伙真是不可理喻!”我暗自骂道，“他先是闯入了我的玫瑰园，还朝我的窗户扔石块，差点儿把我吓个半死。现在当着四个身材魁梧、随时都能把他揍个稀烂的保安的面，他居然还跟我耍把戏!”

“听着，小子。我不管你是谁，从哪儿来，说实话我根本不关心!”我吼道，“那件破袍子你爱穿多久就穿多久，爱怎么傻笑都可以，想怎么胡来也随你便，因为我马上就要叫警察过来收拾你。但在此之前，你能不能开开金口，稍微打破一会儿被你们这些和尚当成宝的沉默，跟我说说你来这儿到底有什么目的?”

“我来这里，是为了帮助你重新成为一名好领导，彼得。”年轻人的语气里透着一股惊人的威严，“帮助贵公司重新走上正轨，成为世界一流的企业。”

他怎么会知道我的名字？这也许是个危险人物。还好我已经把保安叫来了，我暗想。这家伙在胡说八道些什么啊？什么叫帮助我重新成为一名好领导？如果这个傻瓜是个什么顾问，企图引起我的兴趣，以图签下一笔可观的生意，那他的如意算盘可就打错了。他为什么不像别人一样给我发个建议书呢？就像那些漫天要价却效率低下的所谓“变革的推动者”们一样。

“你想不起我是谁了，对吗？”他友好地问。

“对不起，我想不起来。如果你还不打算告诉我的话，我就准备一脚把你踹下楼，让你带着你的抱歉滚回停车场去！”我狠狠地威胁道。

“看得出，你的暴脾气还是一点儿没变，彼得。我们得想想办法了。我敢打赌，你这脾气肯定不能服众。我还知道，你的坏脾气没给你带来任何好处，反而让你的高尔夫球打得烂极了。”年轻人说着哈哈大笑起来。

“你知道你在和谁说话吗？你这个狂妄的讨厌鬼！”我扯着嗓子叫道，全然不顾这个莫名其妙的混蛋足足有一米八高，还有一身结实的肌肉。“你竟敢对我的脾气说三道四？你怎么知道我的高尔夫球打得不好？如果你再四处跟着我，我绝对会叫警察来的，你这是严重扰乱治安的行为，知道吗？”我变得更加暴躁，又开始浑身出汗。

接着，年轻人做了一件让我大吃一惊的事情。他伸手从袍子里掏出一个金色高尔夫球来。他把球抛给我，依然笑眯眯地说：“我觉得你可能想要回它。”

往昔回忆

接过球，我目瞪口呆。金色的高尔夫球上写着：谨将此球赠予朱利安——一个无所不能的人，恭祝五十岁生日快乐。你永远的朋友，彼得。他是怎么得到这个球的？这是我几年前送给我的高尔夫球友朱利安·曼特尔的。朱利安曾是商界的传奇人物，也是我交往了多年的老朋友——在我的圈子里，这样的朋友简直屈指可数。他才华横溢，被誉为

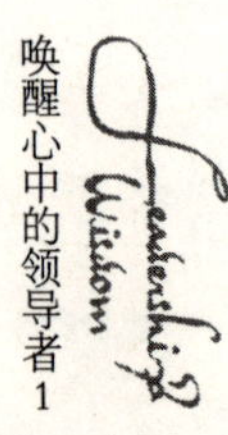

全美最优秀的律师。跟我不一样的是，他出身优裕——祖父是一位声名显赫的国会议员，父亲则是联邦法院德高望重的大法官。从小就开始接受精英教育的朱利安，以第一名的优异成绩从哈佛法学院毕业后，进了一家名气极大的律师事务所。短短几年，他便成为家喻户晓的著名律师，从身价百亿的大型企业到国内知名运动队，甚至高层政府机关，全都慕名成为他的客户。在鼎盛时期，他曾带领由 85 名天才律师组成的顶级团队，打了一场又一场漂亮的官司。这骄人的成就，至今仍让我深深拜服。朱利安的收入足足有七位数，可以说已是应有尽有。在饱受名流青睐的高档住宅区有一套大房子，并拥有一架私人飞机，在热带的某个小岛上还有一处避暑山庄。而让他最引以为豪的，则是停在他车道中央那辆华丽丽、亮闪闪的红色法拉利。然而，即便朱利安如此杰出，他也和我一样，也有自己的弱点。

他工作起来如饥似渴，经常干到深夜，在那间豪华办公室的沙发上眯几个小时后，再次投入到第二天的忙碌中去。虽然我很喜欢和他一起打高尔夫球，但很少能约得上他。每次临时取消约定时，他让助理转告我的理由都一样："不好意思，富兰克林先生，曼特尔先生这周不能和您一起打高尔夫了，他的案子出了点紧急情况。他深表歉意。"朱利安对自己极其苛刻，日子长了，他的朋友已所剩无几，甚至曾与他情投意合的妻子也跟他疏远了。

其实我很怀疑，朱利安是不是不要命了。他不但工作得太拼命，在生活中也极少给自己喘息的机会。他糜烂的夜生活早已经是公开的秘密。夜深之后，他总是带着身材火辣的时装模特们流连于市内顶级的酒店，与一帮狐朋狗友不要命地狂喝滥饮，最后再以一场酒后斗殴告终，这些都会成为次日各大报纸新闻版面的极好素材。尽管他再三保证下不为例，却还是在不可避免地加速走向灭亡。这一点我很清楚，他的同事们很清楚，我想他自己的内心深处应该也很清楚。

我怀着无限的伤感，亲眼目睹着朱利安一步步地沉沦。他在53岁的时候，看起来已经像是70多岁的老头子了。后来，他连仅存的一点幽默感也渐渐消失了，很少再看见他开怀大笑。最后，他决定永远放弃高尔夫。我知道他有多喜爱这项运动，也很喜欢和我一同出游，可他手头的工作那么多，连电话也不再打给我。我曾经深信，他很需要这份友谊，如同我离不开他这个朋友一样，但那个时候我想他也许连我也不在乎了。

悲剧终于降临到了伟大的朱利安·曼特尔身上。一个星期一的早晨，在坐得满满当当的法庭中央，朱利安正在为与他合作最密切的一个大客户——大西洋航空公司的案子雄辩时，突然倒下。在助理律师们惊慌失措的尖叫声和无数相机暴风雨般的咔嚓声中，朱利安被火速送往医院。诊断结果表明，他的心脏病发作，情况很严重，于是又被立刻转进冠心病监护病房。据心脏科专家称，朱利安距离死亡只有一步之遥，但他还是活了下来。医生感叹，他真是一个斗士，拥有“势不可当的顽强生命力”。

这次打击让朱利安整个人发生了翻天覆地的变化。第二天，他宣布要永久告别法律界。小道消息称，朱利安打算前往印度考察。他告诉一个合作者说他“要去寻找答案”，他希望能在那片拥有几千年的文明、凝聚了伟大智慧的古老国度找到心灵的钥匙。朱利安的告别之举令人震惊——他将房子、飞机和私家小岛通通卖掉了。然而，他做的最后一件事情才最出人意料，朱利安卖掉了他视若珍宝的法拉利。

我的思绪迅速回到眼前这个年轻人身上，他披着僧袍，站在我办公室中央并且笑容依旧，厚厚的棕发上还戴着风帽。“你怎么会有这个金色高尔夫球的？”我平静地问，“这是几年前，我送给一个至交的生日礼物，那次生日对他来说意义非凡。”

“我知道。他收到这个礼物后非常感动。”

“能不能告诉我你是怎么知道的?”

“因为你的那个至交好友就是我，我就是朱利安·曼特尔。”

第03章

高尔夫之约

我爱我的法拉利，可我不得不放弃它。否则，就像是下定了决心出海探险，却还想着在码头拴根绳子以防万一一样。

我简直不敢相信自己的耳朵。难道眼前这个年轻健壮的小伙子真的就是朱利安·曼特尔？就是那个已从事业之巅陨落的独一无二的朱利安？如果真的是他，他的相貌怎么可能发生这么惊人的变化？我亲眼见证了朱利安卖掉他的房子、避暑山庄，甚至他最心爱的红色法拉利，也看着他摆脱了商圈的浮华，带着一腔热血踏上了前往喜马拉雅山脉的旅程，去探寻困扰他已久的种种问题的答案。可是，即使那的确是一片古老的神奇之地，也不至于能让一个干起活儿来不要命的工作狂，在转了一圈回来之后就彻底改头换面了吧。

我被这荒诞的事件弄得晕头转向，开始飞快地思索其他可能性。这会不会是我手下某个幼稚的经理策划的一场恶作剧，试图调剂一下紧张

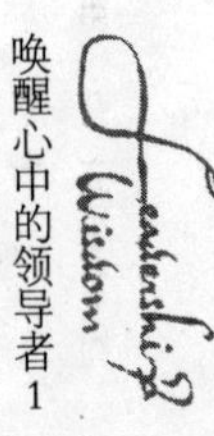

了一周的气氛？或者他是竞争对手派来潜入我们公司内部，妄图一窥公司现状到底有多糟糕的探子？又或许这个一身和尚打扮的不速之客，其实是从疯人院逃出来企图伤害我的精神病患者？可还没等我想得更明白一些，年轻人发话了。

“彼得，我知道你很难相信这是真的。如果我是你，也会和你一样惊讶。我只期望你能对我有哪怕一点点的信任，要相信生命中总会有一些奇迹发生。我这次来是有目的的。”

“什么目的?”我还是不敢确定站在面前的就是朱利安。

“我就直说吧。我听说你现在的处境很困难，想来帮你一把。如果我从喜马拉雅山回来之后，听到的有关远见科技的一切都是真的，你就得好好听我下面要告诉你的一切。我发现的信息，足以帮助你和你的公司重现往日的辉煌；我掌握的知识，能够指引你成为行业领袖；我亲历的经验和教训，会告诉你如何挖到业内任何一家公司里最忠诚、最专注而且最有灵气的员工。这一切，都是一位隐居深山、睿智博学的老师传授给我的。我们西方人极少有机会接触这些跨越千年的永恒智慧，而这些智慧拥有强大而深远的力量。我深信，它们将使你的企业发生奇迹。”

“继续。”我开始有点儿好奇了。

“这些智慧，都囊括在一套独一无二且效果显著的系统里，这是一幅成就非凡领导力的蓝图。它的原理其实非常简单，你只要循序应用这套系统，之后就可以高枕无忧了，它会自动将你的公司运作得有声有色。当然了，它能做的远远不止这些。如果你相信它，遵循这套法则行事，那么，你的企业将获得前所未有的成功。这套法则能将企业内外都梳理清楚，将很多你自己都注意不到的细节改造得完美无缺。员工们将精神焕发，生产效率也会节节攀升。所有人都会变得格外投入并且富有创造力，让你刮目相看。他们会比以前更有责任感，面对变化也会应对自如。你的团队将重拾凝聚力，对工作付出更多的努力。而最终的结果就是，你们将赚得盆满钵满，羡煞旁人。”

“嗯，你算是引起我的兴趣了，”我点点头，“但我想先搞清楚一件事，假设你真的是朱利安——真是难以想象，为什么你要穿得像个和尚一样？我认识的那个朱利安·曼特尔，连阿玛尼都不一定看得上，他绝不可能穿成这样出门。”

“问得好，亲爱的。”年轻人调皮地咧嘴一笑，这笑容忽然让我想起了朱利安年轻时常常流露的表情，真的像极了他。“介意我从头开始解释吗？”

“洗耳恭听。”说着我便舒服地靠在真皮沙发椅中，期待听到一个有趣的故事。

老友重聚

年轻人开始细细讲述朱利安·曼特尔传奇的一生，包括朱利安的梦想、心中的恐惧、失败的婚姻和突如其来的心脏病，甚至还提到了我毫无章法的高尔夫球技。他还说他深深怀念与我共度的那些快乐的晴朗午后。

“精彩绝伦。”我打断他的讲述，一丝奇特的感觉油然而生。虽然这位打扮得像个先知的陌生来客看上去有些怪异，但他可能真的就是我那位失散多年的老朋友——朱利安·曼特尔。否则，还有谁会知道那么多关于我们的细枝末节呢？我静静地坐在沙发里，陷入了沉思，不知道该说什么才好。随后，我站起身朝他走去。

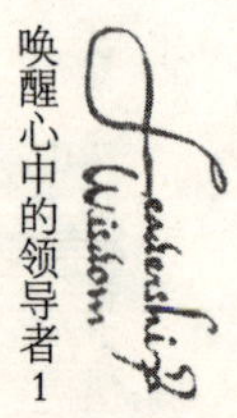

“朱利安，真的是你吗?”我有些抱歉地问。

“对，是我。过了这么多年，终于又见到你了，我真的非常开心。我五十岁生日那天你送给我的金色高尔夫球，对我来说意义非凡。”

老友相见，我高兴极了。我们紧紧相拥，只有交往多年的老朋友才会这样热情地拥抱对方。接着，我们开始一同回顾往昔的辉煌。但我的脑子里还有一个疑团挥之不去——我始终无法解释朱利安是怎么变得这般青春焕发的。

“是不是很想知道我变得如此迷人的秘密呢?”不愧是朱利安，他很快便察觉到了我的困惑，咧开嘴露出了一个灿烂的微笑。

“别再逗我了，朱利安。你是在故意吊我的胃口吧。”我假装生气地说。

“心脏病发作之后，我决定洗心革面。你肯定听说了我卖掉房子、避暑山庄和其他家产的事情吧。”

“不管怎样你应该留着你的法拉利啊，朱利安，那车实在是太拉风了。我还记得以前你常载着那位金发美女四处兜风的情景，她的长发随风飘舞，别提有多迷人了。”

朱利安笑问：“是总穿粉色迷你裙的那个吗?”

“对啊。”

他陷入了沉思，变得严肃起来。“如果我真心想重新开始，就必须切断和过去生活的种种联系。我爱我的法拉利，可我不得不放弃它。否则，就像是下定了决心出海探险，却还想着在码头拴根绳子以防万一一样，这样还探哪门子险呢。因此我卖掉了象征着我疲于奔命、‘刻薄无情’的生活方式的一切东西，义无反顾地前往印度，一个我一直深信拥有无穷智慧和真理的国度。”

朝圣之旅

朱利安开始描述他如何穿越那片辽阔的国土，孜孜不倦地寻求那些对他的工作和生活都大有裨益的启示。一路上，他搭过火车，骑过自行车，也少不了徒步远行；他拜访过古寺，接受过长老的点拨；他遇到过很多和他一样远渡重洋来到印度，就为了寻找心灵钥匙的人们，他们建立了牢固的友情并维系至今。其实在抵达印度的第一个月，他一无所获。但他毫不气馁，进行了更加深入的探索。终于有一天，他在冥冥中听到了喜马拉雅僧侣的呼唤。

“曾经试图找到他们的人数不胜数，”朱利安说，“商人求访他们，是希望透彻地了解他们深邃的思想，让自己成为商界的领袖。有的人则是为了请求他们指点迷津，让自己能更自如地驾驭生活。可是，向喜马拉雅山多前进一步，就意味着离死神更近一步，已经有太多无辜的生命葬身在寻找那些神秘圣僧的途中。”

一向不畏惧任何挑战的朱利安，无视眼前的种种艰险，只身一人向喜马拉雅山挺进，发誓要找到自己想要的答案。在接下来的无数个日日夜夜里，朱利安征服了一座又一座高耸的山峰。他告诉我，在那些孤单的日子里，他的脑海中不停地浮现自己从前的生活，同时问自己，如果当初换一种活法，现在会怎样？

当朱利安继续艰苦跋涉时，他感到精疲力竭，心中开始产生恐惧，担心他会像许多开始时充满希望的冒险者一样，倒在险阻的求知路上。这时，事情出现了一线转机。

在一个阳光普照的清晨，朱利安正艰难地走在一段崎岖的山路上，这时他看到远处有一个人影，穿着奇怪的红色长袍，衣角随风飘动，头上戴着一方深蓝色的头巾。朱利安跋涉了好多天才到达这个地方，他非常惊讶这里还有别人。由于他在远离文明十几公里之外的地方，而且依然不确定圣人身在何处，于是冲着远处这位旅伴大声打了个招呼。

那人没有应声，反而加快了步伐，甚至都没有礼貌性地对朱利安笑一笑。不一会儿，这位神秘的旅客全速奔跑起来，身上的红袍优雅地飘舞，就像秋高气爽的时节里晾衣绳上随风飘动的床单一样。

“拜托，朋友，请帮我找到锡瓦纳吧，我一直在寻找这些圣人，”朱利安大声喊道，“我已经不停地走了七天，带的干粮没多少了，我想我迷路了！”

那人突然停住了脚步。当朱利安接近他时，这位用头巾蒙着脸的旅人一直纹丝不动。突然，一抹阳光照在这个神秘人的脸上，朱利安看出他是个男人。但久经世故的朱利安·曼托尔从没遇到过这样的人物，他猜想这个人应该年近六十了，但他橄榄色的皮肤十分光滑且富有弹性。他的体格健壮、威武，浑身散发出旺盛的活力。而且他的眼神如此具有穿透力，朱利安简直不敢直视他的眼睛。

“不久我就意识到，我已经找到一个归隐的圣人了，”朱利安说道，尽管已经过去了很长时间，但他依然掩饰不住自己的兴奋，“于是，在那座高山之上，我对他敞开心扉，告诉了他我去那里的原因，也讲述了我在商界时的奢靡生活、我的心脏病，以及我想寻求关于商业与生活领导力秘诀的渴望。我恳请他带我去其他圣人那里，让我得以探访他们，学习他们的人生智慧。”

在静静听完朱利安的讲述之后，那个神秘人物将一只手放到朱利安的肩上，温和地说：“如果你真的急切渴望学到生活的智慧，那么我有责任助你一臂之力。我确实是你千里迢迢来寻找的圣人之一，恭喜你成为这么多年来第一个找到我们的人。我佩服你坚韧不拔的毅力，你过去肯定是一个出色的律师。如果你愿意，可以随我来，做我的贵客，去我们的庙宇暂住。我的兄弟姐妹将会热情地欢迎你的到来，我们会传授给你古老的智慧和谋略，这是我们的祖先代代相传的心得。”

然而，这位圣人对朱利安提出了一个条件。“在我带你进入我们的世界之前，我必须请你给我一个承诺。虽然我们的世界与世隔绝，但对你们所处世界中的纷争动荡也了如指掌。这个新的商业时代导致了巨大的转变与持续的动荡，各行各业的领导者们都在极力挣扎，试图应对这种复杂的形势。在人们试图寻找扎实根基的过程中，士气却急转直下。面对时代的剧变，人们不再忠诚于所供职的公司，他们与公司之间的维系着非常微弱的关系。可悲的是，太多的人只是浑浑噩噩地打发时间，在自己的工作中找不到任何意义，而这反过来导致了他们在生活中缺乏成就感。你心脏病突发就是一个例证。但是，这些人仍有希望，而这一希望来自于你。”

“怎么会来自于我呢？”朱利安不解地问道，“我来这里的目的就是学习啊。”

“少安毋躁，”圣人回答说，“在你与我们生活期间，你将学到一套超凡卓越的系统，可以让你掌握真正的领导力。凭借这套系统，商业世界中的任何领导者都能立即改善公司面貌，提高效率。我们也将传授给你关于个人领导力的永恒真理，以便你能重新开始自己的生活，使你的生活方式有一个全新的改变。世间很少有人能像你这样幸运，因而让更多的人了解这些智慧非常重要。所以，在我领你进入我们的世界，把你介绍给我的兄弟姐妹之前，我必须对你提一个条件。”

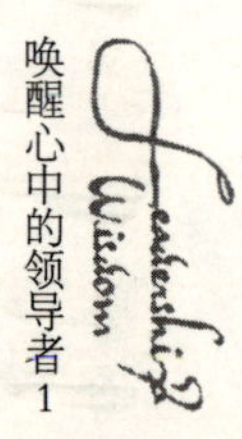

这位圣人要求，朱利安必须把在锡瓦纳圣人门下学到的智慧与西方人分享，因为他们需要这样的智慧。朱利安将肩负起使者的责任，负责把这些圣人的古老智慧，传播到世界的西方，以此改变众生的现状。朱利安毫不犹豫地接受了这位圣人的条件，并且许诺，他将诚心诚意、不遗余力地把他们的启示带到西方。

“别告诉我，”我谨慎地打断他说，“我就是需要聆听那些圣人智慧的人之一。”

“相信我，彼得，你会因成为其中一员而感到高兴的，你和你公司的面貌将会焕然一新。”

我通常对任何事都有一点儿怀疑精神，这次却显出少有的兴趣，不假思索地回答说：“我们什么时候开始？”

我想我只是厌倦了公司的裹足不前，希望朱利安真的能够给出变革的蓝图，带来我们急需的新气象、新转变。尽管他有一些缺陷，但众人对朱利安·曼特尔有个一致的看法：他从不撒谎。

“明天下午如何？下午5点钟可以吗？”朱利安一边说，一边把右手伸进长袍中。

“我本来计划与一个战略伙伴开会，但我可以和他再约时间。5点当然可以，阁下。”我调侃地回答说，“我们在这儿会面吗？你好像对我的玫瑰园很感兴趣，而且保安也已经不把你当坏人了。”

“实际上，我在想另一个地点。咱们去以前常去的高尔夫俱乐部吧，我想给你看一样东西，那恰好是个绝佳的地方。”

随后，他从长袍中拿出一个小东西，好像是一个拼图玩具。像之前扔金球那样，他把那个东西冲我扔了过来，让我接住。

他对我微笑了一下，立即转身往外走。“明天见。”我听见朱利安的声音渐渐远去。

我望着他的背影，摇了摇头，依然觉得难以置信。我感觉到长久不曾有过的激动，也许，远见科技迎来了一丝曙光。也许，我能让员工重新振奋，再创辉煌。也许，我能再次有力地掌控这家公司的未来，毕竟它曾风光无限。或许，朱利安在喜马拉雅山学到的这套独特的领导系统，能帮助我抓住新的市场环境带来的机遇，体验前所未有的成就感。此外，也许我最终会知道朱利安是如何使自己脱胎换骨的。

当我意识到自己正盯着办公桌上堆积如山的文件发呆时，我转身开始研究朱利安扔给我的那个小玩具。我看到上面有图案，尽管仔细地观察了一番，但还是看不懂这个图案是什么。这片木质拼图上还雕刻着一些字，字迹已经磨损，几乎难以辨认。我马上拉开办公桌的抽屉，拿出一个放大镜，终于看清了上面的字——愿景：视野决定未来。

第04章

领导力拼图

时下有关灵魂的一切美丽真理中，没有任何神圣的许诺和信心比这更令人欢欣鼓舞、斗志昂扬——你是自己思想的主人，自己心灵的主宰，你的命运握在你自己手中。

詹姆斯·艾伦

驱车行驶在绿树成荫的乡村小路上，我的心在剧烈地跳动。这条小路通往我的高尔夫俱乐部，这是一家公认的全国最负盛名的俱乐部之一。大法官、参议员、金融家和各界名流都是这家俱乐部的会员，而等待加入的名单则排到了十年之后，所以在可预见的将来这里依旧会高朋满座。能够加入如此高档的俱乐部，我感到非常幸运。如果能有时间定期来享受一下这儿的设施，那就更幸运了——面对远见科技公司面临的种种动荡，打一局高尔夫只能是个幻想。

当我接近俱乐部会所时，一大片木质建筑展现在眼前。旁边是修剪整齐的高尔夫球场，周围环绕着繁茂的花园，美得令人窒息。这时，我看到了朱利安。他正坐在游廊上，他好像在一边喝着饮料，一边读着一本书。尽管俱乐部有严格的着装规定，但他依然身穿那件红宝石色的长袍，我禁不住笑了。朱利安总是喜欢按自己的方式做事，而你总是会喜欢上他这种我行我素的风格。

“朱利安。”我喊了他一声，下车走上通往游廊的台阶。

他站起来伸出手：“感谢光临，彼得。我保证你不会白跑一趟。”

甘地的智慧

我们坐下后，我点了一杯马提尼。今天又在办公室忙得焦头烂额，我觉得喝一杯有助于缓解一下紧张的神经。在过去的几个月里，我一直处在这种巨大的压力之下，所以任何有助于放松神经的事情都想尝试。“你在看什么?”我低头看朱利安手中的书。

“这是一本讲述甘地的书。”

“你还对甘地有研究？说实话，在我们相处的那几年，从来没见你手里捧过书。”

“你以前认识的那个朱利安·曼特尔总是争分夺秒，每天生活在压力之中，现在的我与那时比大不相同了。你可能想象不到，我已经脱胎换骨了。我在喜马拉雅山吸取了众多宝贵经验，其中一条是‘具备了知识与勇气这两个因素，就一切皆有可能’。所以，我现在确保每天读一本好书来获得所需的智慧，把精力集中在自己的目标上，而且目标明确，奋力拼搏，保持继续前进的勇气。”

“有意思。但为什么读甘地呢?”

“自从拜入那些圣人门下以来，我便开始认真地学习领导学。当大多数人听到‘领导学’这个词时，都会觉得它只属于商业环境。他们只会想到公司的领导者激励其员工更有效率地工作，致力于实现未来的远大目标之类。但那些圣人使我懂得了领导学的用处远不止于此。领导学实际上是关于生命的哲学。不仅 CEO 和经理可以成为伟大的领导者，有良心的老师、有责任心的科学家和有爱心的母亲也同样可以。而这一切都始于内心，来自对领导艺术的自我修养和对自己深刻的认识，这会使你认识到，生命的本质在于领导。正如罗伯特·路易斯·史蒂文森①曾经说过的，‘做应做之事，成能成之事，乃我们生命唯一目标’。

“事实上，聪明的人不仅追求商业领导力，而且也寻求生活领导力。正因如此，自从我离开喜马拉雅山后，一直在研究甘地的生活。我觉得他是古往今来最伟大的领导者之一。他拥有无穷的智慧，既能领导人民走向他所设计的远大未来，又有勇气领导自己，过着体现伟大人格的生活。若论具有启蒙意义的有效领导力，他就是一个典范。”

有一天，甘地刚走下火车，不料他的一只鞋掉在了火车道上。由于火车已经开始启动，他无法下去拿回那只鞋，于是他做了一件事，令他的同伴们大为惊讶。

他脱下了另一只鞋，扔到了第一只鞋旁边。他的同伴们问为什么，甘地一边光着脚走在站台上，一边微笑着回答：“那个在火车道上捡到那只鞋的可怜家伙，现在有一双鞋可以穿了。”

“甘地还非常谦逊，这也是伟大的领导者共有的一项品质。”

“真的吗？我从来没觉得谦逊有这么重要。”

“的确很重要。”朱利安一边回答，一边有礼貌地招呼一位经过的服

① 罗伯特·路易斯·史蒂文森（Robert Louis Stevenson，1852—1894）：苏格兰小说家、诗人、散文家、旅行作家。他最著名的作品是《金银岛》。——编者注

务员，点了一杯花草茶。几分钟之后，那位服务员走了回来，为朱利安端来了一个茶壶和一只精美的茶杯。朱利安把茶水倒入茶杯，一直倒到茶杯快满了。但奇怪的是，他继续不停地倒，不一会儿，茶水溢出了桌面，流到了游廊的地面上。可他还在继续倒茶水。

“朱利安，你想证明什么道理?”我一头雾水地问道。

“一条至关重要的领导经验。”他平静地回答说，“大多数领导者都很像这只茶杯。”

“怎么讲?”

“嗯，就如同这只茶杯，那些领导人的脑袋里装满了东西，例如观点、想法和偏见等，以至于任何新思维都不得进入。而在我们这个日新月异的世界中，领导人必须不断学习新观念，以新技能武装自己，止步不前是一个致命的缺陷。”

“那该怎么做呢?”

“很简单，他们必须清空茶杯，必须随时准备接受新知识。换句话说，他们必须将自己视作终身学习者。不管在他们那些奢华高级的名片上印着多少醒目的头衔，他们都必须接受东方圣人们所说的‘新人思维’。这是每个注定成功的领导者必备的基本态度，他们必须学会谦逊。所以我才说谦逊是一条基本的领导素养，而这也是我崇拜甘地的原因之一。”

朱利安的奇遇

几个人刚打完一局高尔夫，来到游廊休息。朱利安继续侃侃而谈，无视这些人对他好奇的注视。“我昨天告诉你的那位圣人，也就是我在爬山时遇到的那位，恰好是锡瓦纳圣人群体的领袖。在我接受了他的条件，答应将其领导智慧介绍到西方之后，他自我介绍说他是瑜伽修行者拉曼，然后带我走过一段又一段蜿蜒曲折的山路，最终到达一个郁郁葱葱的绿色山谷。”

在山谷的一侧，高耸入云的喜马拉雅雪山在蓝天的映衬下显得异常宏伟壮观。山谷另一侧是浓密的松树林，清新的松香味弥漫在山谷之中。拉曼微笑着对我说：“欢迎来到锡瓦纳天堂。”

接着，我们沿另一条狭窄的山路往下走，小路一直延伸到密林深处。我至今依然清晰地记得，松树和檀香树的香味飘浮在那个世外桃源般的地方，沁人心脾，令我如痴如醉。地上开满了兰花和五颜六色的奇异花朵，其中许多都是我从未见过的。突然，当我们接近一块开阔的地面时，我开始听到一些声音。我们越走越近，我敢保证，在我有生之年永远也不会忘记当时展现在我眼前的那一幕。

展现在我面前的是一个村庄，整个村子似乎完全由玫瑰建成。村子的中央有一座小小的寺庙，我在游览泰国和尼泊尔的时候见过类似的庙宇，但这座庙却是由红色、白色和粉红色的花朵组成的。寺庙周围分布着一些小木屋，显然这些是僧侣们简单的禅房。

然而，更令人惊讶的是那些居住者本身。那里的男隐士们也穿着红色的长袍，与拉曼的装扮一样。当他们走过时，总是面带微笑。他们的表情传递出心静如水的感觉，眼睛则透露出深邃的智慧光芒。我这个不速之客打破了他们隐居深山的清静，但他们并没有因此而愤怒，而是微微地点头致意，然后继续他们的修行。女隐士们也同样是一道靓丽的风景，她们穿着漂亮的粉红色纱丽，裙摆拖地，光泽亮丽的黑发上鲜明地装饰着白莲花，从容优雅地走在村子里。我之前从未见过这么特别的人，尽管他们都已人过中年，但每个人身上都洋溢着喜悦之

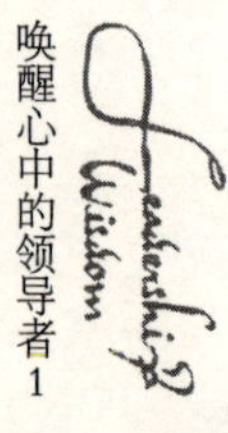

情，双眼中闪烁着无限的活力以及对生命的热爱。他们没有一个人脸上有皱纹，也都没有白发，看上去都很年轻。面对此情此景，我哑然无语。

“咱们去球道上走走吧，”朱利安站起身，“边走边继续我的故事。带上那些球杆。”他一边对我说，一边朝一套已经磨损了的旧球具走去，显然是有人遗忘在了球道上。

“你不会真的想穿着这身长袍打一局高尔夫吧？”

“不，我有更重要的要向你展示。”

朱利安强烈渴望学习圣人们的领导智慧，拉曼感觉到了他内心的真诚与急迫，收他为徒。除了睡觉之外，他都与这个求知若渴的学生在一起，分享自己日积月累的知识，并指导朱利安如何学以致用。有时候，当太阳的第一缕曙光刚刚照耀大地时，他们便起床学习，共同讨论拉曼提出的永恒真理。朱利安敏锐的法律思维使他很高兴地意识到，他学到的这些智慧具有强大的威力，能够改变他自己以及世俗世界中芸芸众生的生活。而有些时候，他们则静静地在松树林中散步，享受大自然的恩赐，利用这段闲暇，回味他们讨论过的哲学思想。

随着时间的流逝，这位圣人变得更像是朱利安的慈父，而非严师。他引导朱利安以全新的视角看待自己的人生，并且真正释放出他的个人潜能。得知朱利安多年来忽视健康，与死神擦肩而过后，拉曼首先传授给朱利安自我管理与改善生活的方法，这最终使他的外貌与内心都脱胎换骨。

圣人告诉朱利安“内心领导优于外在领导”，而且领导他人是一项历史悠久的艺术，在他试图领导别人之前，必须首先懂得如何领导自己。所以拉曼传授给他鲜为人知的技巧，教他学会控制压力、改掉忧心忡忡的习惯，以简化生活。拉曼教会了他如何保持旺盛的精力、开启创造性以及如何释放活力。在几周之内，朱利安经历了外在与内心的双重蜕变，他看上去年轻了好几岁，生命力旺盛，而且对未来充满了希望，甚至比多年前更有信心。他开始真正相信，他能做任何事情，能成为任何人，而且通过传播他所发现的无价智慧，可以使整个世界发生巨大变化。锡瓦纳伟大圣人们的古老智慧，已经开始展示其神奇之处了。

看到自己的爱徒已经恢复到了绝佳的身体状态和心理状态，拉曼开始把领导智慧系统地传授给他。朱利安很有把握地说过，这套系统将使远见科技发生革命性的变化，成就世界一流的业绩和效率。

“锡瓦纳这位智慧的圣者认为，所有的失败，不管是商业世界还是个人生活中遇到的失败，最终都可以追溯到领导力某个方面的失误。如果公司的领导者不具备熟练的技能和长远的眼光，公司的运营就不会顺畅。如果人们不具备领导自己生活的能力，他们的生活必将是一团乱麻。这位圣人告诉我，尽管他过着与世隔绝的生活，但他知道世界正经历着他所谓的‘领导力危机时代’。拉曼说他有应对之道。”

“我穷尽一生都在深入思索卓越领导者必备的素质，”朱利安记得有一天下午，当他们徜徉在一个仙境般的深山草地上时，圣人这样对他说道，“多年来，我潜心研究到底是什么造就了那些最伟大的领袖。作为一个僧人，我已经皈依于真理门下，所以我生命的意义就在于探寻领导力的真理。岁月荏苒，我已经逐渐意识到，最有影响力、最受尊敬的领袖在其领导历程中，都奉行特定的古老法则。我将这些法则重新组织，归纳为一套极其有效的动态领导系统，它就像一幅建构纷繁事物的蓝图，可以帮助任何领导者认识其职业潜能和生活中的个人潜能。现在，我将与你分享我的心得。”

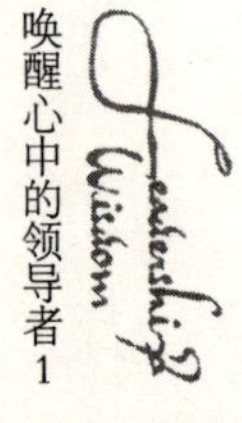

“那拉曼和你说了些什么?”我迫不及待地问道，这时我们终于到了沉闷无趣的高尔夫球场。

“他告诉我，最有感染力、最有活力、最有效率的领导者都具有一种品质，而这也正是其他人所欠缺的。”

“这种品质是什么?”

“我想如果我展示给你，可能更好。”朱利安随后伸向我背着的高尔夫球袋，抽出一根球杆。

在脑子里打高尔夫

“别告诉我，你一边跟着圣人学习，一边还不忘练习高尔夫球技!”

“确实如此。我每天都练习高尔夫，这种运动很有治疗效果，极大地促进了我身体的康复。”

“真的吗?”我半信半疑地问，“那我想这些神奇的和尚也在他们隐居的大山之中建造了世界一流的高尔夫球场吧，所以他们偶尔也可以打上几杆，排解一下单调无味的生活?可能还有竹制的高尔夫小车，拉着他们从一个球洞到下一个球洞，是吧?”

“有趣的猜想。”朱利安对我的挖苦置之不理。他还经历过什么?他的故事正由稀奇古怪变得难以置信。“不，实际上我是在脑子里打高尔夫，彼得。”

“闻所未闻。”

“我记得几年前读过一篇文章，讲的是一个越战老兵为了在孤独寂寞的囚禁中活下去，就在脑子里下象棋。这不仅帮助他消磨时间，而且还戏剧性地提高了他的象棋水平。当他脱离战俘营，有机会在现实世界中与棋手下棋时，他的棋艺几乎所向披靡。”

“难以置信。”

“当我最初听到这个故事时，也是和你一样的感觉，彼得。所以，在与圣人相处的那些日子里，每逢寂寞孤单时，我就开始回忆年轻时是如何痴迷于高尔夫球的。于是我决定模仿那个越战老兵的办法，在脑子里打高尔夫球。我像个孩子一样享受游戏的乐趣，我想这也显然有助于我的康复。”

“这对你的实际球技有帮助吗？”

“我不知道，这是我多年来第一次站在高尔夫球场上。实际上，我记得最后一次打球是和你一起。但是从那以后，我已经在脑子里练习了几千遍，所以我丝毫不觉得曾离开过这项运动。好吧，现在仔细瞧着，我想你将看到令你大吃一惊的场面。”

朱利安随后把手伸进长袍中，拿出之前我还给他的那个金色高尔夫球。

“你不会是要用这个球试验吧？你知道它花了我多少钱吗？”我有点生气地问道，没想到这位老朋友要用我送给他的生日礼物展示他的球技。

“仔细看着。”他就回答了这一句，因为他正全神贯注于球道另一端的球洞——他击球的最终目的地。紧接着，就像一名经验丰富的职业球手一样，他轻松优雅地挥动球杆，完美地击中球，“嗖”地一下，球飞向空中。我从来没见过朱利安这么干净利落地击球，然而尽管姿势优美，但球似乎离目标仍然有一段距离。我望了望他，准备对他说“打得不错”，以示安慰。

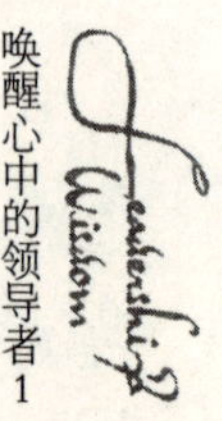

然后，不可思议的事情发生了。球似乎在空中突然加速，就像空中突然刮了一阵顺风。然后以不快不慢的速度精确地向目的地飞去。两个球场园丁看到了这一幕，迅速摘下帽子盯紧球，以免错过球的落地点。甚至几个正在游廊休息的高尔夫球手也注目凝视，期待着结果。

不一会儿，球从空中落到接近第一洞的草地上，开始缓慢地滚动。在这个球场上，已经很久没有球手能够打出一杆进洞的球。但也许我的朋友这次可以打破这个纪录，尽管他穿着长袍和僧鞋。球继续慢慢地滚向球洞，但似乎要停下来了。

“哦，朱利安，”我略显失望地说，“功亏一篑啊。”

“少安毋躁，彼得，我学到的领导智慧之一就是，在重大的胜利前夕，人经常会遭遇黎明前的黑暗。而此时的关键是集中精力，保持信念。”

随后，正当球似乎随时都会停下时，继续滚动了最后半米多，落入洞中。

“好哇！”一个球场管理员目睹了这一精彩绝伦的击球后，声嘶力竭地欢呼起来。朱利安握拳挥向空中，手舞足蹈着，显然他也非常激动。

我哈哈大笑，摇了摇头：“哇，朱利安，你总是给我带来惊喜！祝贺你！”

平静下来之后，我问朱利安是如何做到的。“你击球之前就打算一杆进洞吗？”

“我想过，但坦白地说，我并没有十分的把握。当我在喜马拉雅深山中时，在脑海中已经把这个动作练习了成百上千次，就是模仿在这个球场的这次击球。这已经成为我当时经常练习的游戏，纯粹是为了保持敏锐的想象力，但这也确实使我乐在其中。我得承认，当看到我的思维训练产生如此难以置信的结果时，我也有点儿惊讶。这种训练确实有效，这一事实证明了我带你来这里想说明的重要观点。”朱利安略带神秘地说道。

“这与你昨天给我的那个拼图游戏有关系吗？”

“是的，关系很大。先问你一个问题，彼得，我已经离开高尔夫球场多年，但重新回到这里之后，第一杆球就打进了洞，你认为是什么使我做到了这一点？”

“嗯，我想你自己已经回答了这个问题，朱利安，这是因为你在深山里的思维训练吧。你无数次地练习刚才的击球动作，你肯定已经在脑子里绘制好了类似情景的蓝图。然后你来到这里排除杂念，将脑中的蓝图变成了现实。”

“总结得很好，彼得，你的悟性很好，能够清晰地理解我的思路，我很欣慰。”

“你知道我喜爱高尔夫运动，并且一直在努力提高自己的球技。所以在过去的几个月中，我一直在阅读大量有关的书籍。这些书讲的都是世界最伟大球员的生活与打球经验，如果说他们有什么共同观点，那就是他们普遍认为‘高尔夫是一项思维运动’。就拿杰克·尼克劳斯①来说吧，他曾经提到，当他走过一遍即将参赛的球场后，就会在脑子里反复设想挥杆的动作，这成了他一个制胜的秘密法宝。所以当你告诉我你也这样训练时，我并没有感到特别意外。”

高瞻远瞩的眼光

“不但在高尔夫球界，商界中最伟大的领导者也进行同样的思维训练。”朱利安强调说。

“他们也在脑子里想象打高尔夫球的动作吗？”我笑着问道。

“不，彼得。他们根据当前的状况清晰地设想未来的发展道路。他们设计出清楚透彻的蓝图，展望公司未来几年的状况。这些领导者对自

① 杰克·尼克劳斯（Jack Nicklaus，1940—）：美国最成功的高尔夫球手之一。——编者注

己及其员工为之努力奋斗的目标一清二楚。他们采取的每一步措施，都旨在更加接近之前精心设计的未来。简言之，他们都具有一种眼光，使他们能看到远大的未来。这是他们成为伟大领导者的终极秘诀。”

“看起来很简单嘛。只需清楚地预想到公司的未来，我就能变成伟大的领导者?”我反问道。

“我并不是说成功就这么简单。除眼光之外，卓越的领导者还必须具备许多理论上和实践上的领导力，这样才能成功。拉曼把所有的领导智慧对我倾囊相授，放心，不久我将与你分享。但是就目前来说，你先记住这一条：每个成功的组织都必有一个伟大的领导者，而每个伟大的领导者都有大胆的梦想。高效的领导者都具备高瞻远瞩的眼光，他们对自己公司的未来有着清晰的认识，而且能够将这种认识与他们下属当前的活动联系到一起。通过这种方式，公司的所有活动都将变得有目的——使组织更加接近领导者设想的结果。这就像前总统伍德罗·威尔逊的名言——你来这儿不是为了混口饭吃而是用你更远大的眼光、更高尚的希望以及成就感，使世界变得更加美好。你的使命是使世界变得富足，如果有辱这一使命，你就是自毁前程。”

“说得好。”

“记住，一旦你具备了远大的眼光，成功便指日可待了。最终，你不必刻意去追逐成功，成功会自然地接踵而至。有效的努力是以有价值的目的为方向的，成功就像这些努力的副产品，水到渠成般地不期而至。”

“拉曼，那个住在喜马拉雅山上的和尚教你这些的?”我疑惑地问。

“多年来，拉曼一直在研究古今伟大领袖们的生活，以此探寻领导艺术的根本要素。他与我分享了一套永恒的系统，凭借这套系统，任何身处管理职位的领导者都能够激励其团队行动起来，使之重现活力。关于西方的商业界，拉曼可能并不完全了解其复杂性，但他也无需全部了解。他与我分享的智慧是以古老的领导真理为基础的，几百年来世代相传。这些真理就是不变的法则，因为就像自然法则一样，它们已经经受住并且仍将继续经受住时间的考验。尽管商界风云变幻，但指引领导者的这些真理不会变。”

“所以，每个伟大的领导者都能高瞻远瞩，他们通过形象生动地设想最终结果，与未来建立起清晰的联系。这有些像基辛格在报纸上所讲的一段话：领导的任务是将他们的下属提升到前所未有的高度。这能准确地总结你今天的意思吗？”

“完全正确，彼得。看来你已经掌握了这个概念的精髓，相当完美。但我还是想告诉你另一个例子。你还记得那个著名的眼科医生吗？我们以前经常与他一起打高尔夫球。”

“当然记得，我非常喜欢那家伙，他很幽默。”

“就是他，他过去经常组织全市眼科医生的年会和舞会，还记得他为此取了个什么名字吗？”

“怎么会不记得？”我笑着回答说，“眼球会。”

“是啊。一天下午，我们在球场上，他和我谈起了他一个年轻的病人，这个病人患有被称作‘弱视’的眼疾。情况是这样的，一个医生错误地给这个孩子健康的眼睛戴上了眼罩，而不是那只需要保护的眼睛。当眼罩被摘除后，人们惊奇而悲伤地发现，这个小男孩那只健康的眼睛也完全丧失了视力。很显然，眼罩阻碍了他视力的正常发展，导致了失明。”

“匪夷所思。”

“我永远不会忘记这个故事，彼得。同时我也在想，这也适用于我正给你讲的领导经验。在今天的商界中，太多的领导者成为习惯的奴隶。他们以同样的方式跟同样的人做着同样的事，日复一日，年复一年。他们几乎没有新想法，更不愿意承担新风险。他们把自己的领导活动局限在安全舒适的范围内，拒绝离开这个安全区。然而，这样的领导者最终会因自己的‘弱视’而尝到苦果。”

“怎么会这样?”

“由于日复一日的老调重弹，就如同他们给自己的好眼睛戴上了眼罩。因此，对这个瞬息万变的时代带来的绝好机遇，他们视而不见。最终，他们逐渐失去正常视力，导致失明。千万别让这种事情发生在你身上，我的朋友。把你的眼罩摘掉，开始寻找新的良机吧。未来最好的成功之路就是创造成功。正如海伦·凯勒曾经说过的：‘我宁愿双目失明，也不愿做个睁眼瞎。’”

朱利安继续说：“既然你已经明白了，最卓越、最有效率的领导者都具有长远的目光，那么我的任务是提供给你相应的工具和技能，助你成为这类领导者。而这也是拉曼的领导系统大显身手的地方。”

“我可以先问个简单的问题吗?”

“当然。”朱利安一边回答，我们一边慢慢走回俱乐部会所。

领导力本质

“我非常渴望学习你要教给我的经验。如你所见，远见科技正处于困境之中。当初在迪吉特数码软件公司，我不断得到提拔，晋升到高级管理岗位。虽然在那几年中，我也学习过一些领导力发展课程，但并没有人专门找我谈过，向我传授如何领导别人。而且从来没有人向我展示过，应该如何鼓舞团队士气或者进行有效的沟通。也没有人向我解释过，如何才能在提高生产率的同时提升雇员的奉献精神。关于时间管理和工作的艺术，我甚至没有学过最基本的原则。

“现在我经营着自己的公司，形势也很糟糕。我似乎总有做不完的事情，而时间总是不够用。每个人都想着我能回答他们的所有问题。我一直神经紧绷，压力重重，经常拿手下人当出气筒，结果只能使情况进一步恶化。至于事业与生活之间的平衡，这更是一个遥不可及的梦想。所以，如果你不介意，我打算好好利用我们在一起的时间，深入学习伟大领导力的要素。但我想先问你几个基本的问题，这其实是我一直想问你的，但不好意思开口，因为我怕这会使我看起来很傻。”

“请问吧。”朱利安温和地回答说。“好吧。首先，‘领导力’这个词的真正含义是什么？它实际代表了什么？虽然我管理着一个雇员超过 2 500 人的大公司，但我从来没能真正确切地理解这个词的含义。”

“就像我之前所说的，领导力就是以有价值的目标为方向，采取清晰有力的行动的能力。具备领导力的人会认识到，所谓不可能只是因为未曾尝试。许多人认为领导者是指那些具有 CEO 或者总裁头衔的人，其实不然，领导力不是指某个职位，而是行动。你的经理可以成为伟大的领导者，你的编程师也可以成为出色的领导者，甚至饭店里的领班、工厂的车间主任，他们都可以成为伟大的领导者。你瞧，彼得，领导力就是关于激励、鼓舞和影响的艺术。领导艺术不在于管理事情，而在于培养人才。目光远大的领导者都会明白，任何组织真正的财富都是人，是那些每天乘电梯上下班的员工。简单地说，领导力就是帮助员工全面释放他们的才华，让他们追求有价值、有意义的目标，而你需要做的就是帮助他们理解这个目标。你能做到这一点，你的经理们能做到，甚至你的一线员工也能显示出领导力。此外，真正高效的领导者必须同时生活在两个地方。”

“我不太明白你这句话的意思。”

“最好的领导者会意识到，领导是一门技艺，而不是一项天赋。他们要不断磨炼，使这门技艺精益求精。而他们磨炼的其中一项就是追求一种基于眼前但聚焦未来的能力。伟大的领导者都已熟练掌握了这两个技艺，即管理当前，同时创造未来。这就是我为什么说他们必须同时生活在两个地方的原因。他们需要生活在当前，指导改善当前的运营，例如提高质量、优化机制以及提升客户关怀标准等。但与此同时，他们必须为未来设计清晰的蓝图。拉曼对此有一个生动的说法：‘高瞻远瞩的领导者是这样一些人，他们已经学会在扫清道路的同时，眼睛望着顶峰。’如果一个公司不在改善运营方面倾注大量精力，它将很快被竞争对手甩在后面。但是，如果一个公司对未来没有一个清晰远大的计划，就不只是落后的问题了，它必将关门停业。”

“你昨天给我一个拼图玩具，这就是你的用意所在吧？”

“是的，你还记得上面刻的字吗？”朱利安问道。很幸运，我随身带着那个拼图，于是马上从兜里掏了出来。

“我看不懂上面的图案，但能看清上面的字。”

“很好，那些字是怎么说的？”

“‘愿景：视野决定未来’。”我如实回答说，“但我不懂这句话的内涵。”

“你很快就会明白的。”

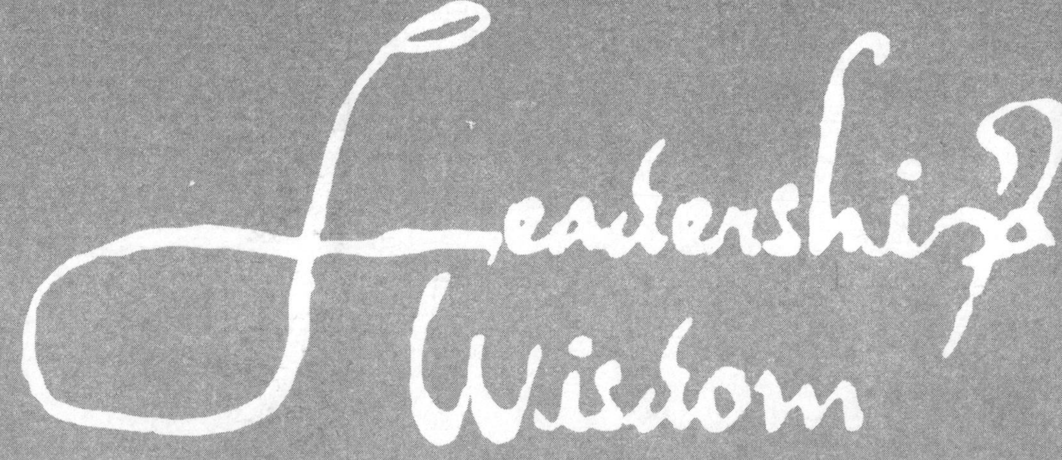

第 05 章

拼图1 愿景

视野决定未来

生命赋予我们的最大乐趣无非在于不断地克服艰难险阻，从一个成功走向另一个成功，不断追求并实现新的希望。凡成大事者，必先经风雨之苦，再享彩虹之美。

塞缪尔·约翰逊

当我和朱利安在游廊中聊天时，太阳已慢慢西下，迎来了宁静但异常潮湿的盛夏之夜。尽管酷热难耐，但他依然执拗地不肯脱掉长袍。“我还好，”朱利安礼貌地回答道，“但确实想来一杯冰水。”

“没问题。”我再次招呼侍者过来。我意识到，朱利安确实已经发生了彻底的变化，已经不是以前那个工作疯狂、压力重重的拼命三郎式企业家了。随之而去的还有对酒精的嗜好，以及放荡不羁、不计后果的生活方式。现在的朱利安已经成为身体健康、判断敏锐的楷模，并且真的实践着他与我分享的各种原则。

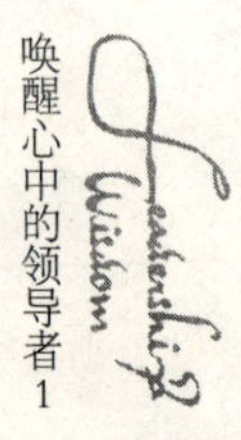

将早起仪式化

“现在充斥着许多所谓的管理大师，他们在各个城市走穴，到处举办研讨班，不停地出书。其中许多‘大师’炮制出毫无用处的术语和行话，以证明他们的高深。少数真正的大师确实有帮助组织改善状况的优秀思想，但问题在于我所说的‘执行缺口’，这是妨碍许多企业创造辉煌的原因。”

“执行缺口？”

“这是一种理论，它解释了为什么知识通常难以转化为实际效果。多数情况下，我们明知应该做什么，但实际的做法却与我们的想法相悖。许多领导者其实心里知道他们应该具备远大的眼光，对未来应该形成清晰的蓝图，而且应该就这种蓝图与下属进行沟通。他们也知道，他们应该采取切实有效的措施，与下属形成更紧密的联系。然而问题在于，他们始终不能养成这样做的习惯。因此，他们的实际行动不再遵循自己的本能思想。他们把大多数时间都浪费在琐事上，日复一日，月复一月，年复一年，发展的机会最终悄然流逝。这种类型的领导者从来没有完全意识到，90%的成功领导取决于后续实施，即对他们所掌握知识的贯彻与执行。每个人都说，生活在这个信息时代真幸运，但多数人没有意识到的是，信息本身不是力量，只有当果断有效地利用这些信息时，它们的力量才会得以体现。”

“的确如此。在我们公司，多数人都知道为了改善目前糟糕的形势，在一两周内至少应该完成十几件事情。但我们总是疲于应对不断冒出来的突发事件，最终只能把这些事情拖到下一个季度，然后又拖到下下季度。”

“是这样的。所以要切记，正如拉曼与我分享的领导智慧一样，关键就在于积极主动地去执行。不要总是一拖再拖，指望以后找时间去完成。要意识到立即执行的重要意义，并让它在你的日常工作中得以贯彻，以便你每天都能去练习这一原则，使其成为你生活的一部分。只有这样，你才会看到自己在领导他人方面的巨大质变，会看到远见科技在生产率和业绩方面的巨大提升。正如希罗多德在几千年前的感叹，‘空有满腹经纶却显示不出威力，人世间最痛苦的事莫过于此’。”

“能否指点一二，让我今天就能将智慧融入我的生活，正如你建议的那样？”

“最重要的是，你必须开始将你要发现的智慧仪式化。”朱利安回答说。

“啊？”

“若想具备领导经验，最好的方法就是创建围绕这些经验的仪式或惯例。我将传授给你的全部领导真理中，这是最永恒、最基本的因素。”

“能给我举个例子吗？”

“当然可以。那些圣人几乎怀着虔诚的态度去实践的一个简单仪式就是黎明便起床。他们认为一日之计在于晨，早起能够培养他们的自律精神。通过每天实践这项简单的仪式，它最终成为他们习惯的一部分。到了一定程度，天亮之后，即使他们刻意去睡，也难以再次入眠。”

“我手下的一个经理就是这样，朱利安。当他很小的时候，他的父亲就强迫他每天凌晨5点起床，每周7天从不例外。父亲告诉他，这么做是为他好，是为塑造他的品质。现在，即使在度假，他依然保持着早起的习惯。他是我们公司效率最高的人之一，也许这就是原因吧。”

“提高效率可以通过多种方式培养，早起只是其中最有效的方法之一。但我要强调的是，不管是锡瓦纳的圣人还是你的顶级经理，他们都把早起的习惯仪式化了。有些人把每天午餐时间锻炼的习惯仪式化了，还有些人把每天晚上阅读的做法仪式化了。若想成为目光远大的领导

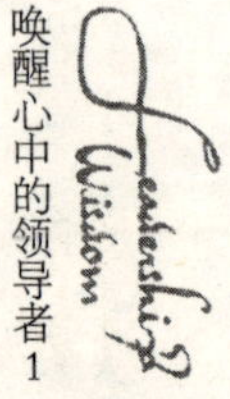

者，并全面释放你的领导才华，唯一的方法是把我要传授给你的真理融入到你的日常习惯中去。你需要将其变成铁铸一般的仪式，雷打不动，正如之前说过的所有高瞻远瞩的领导者所做的那样。这样，你就超越了仅仅在心里知道怎么做的阶段。”

“刷牙也能成为一项仪式吗？”我认真地问。

“当然可以，你难道想过不刷牙就走进办公室？”

“我可不敢满嘴臭气地出现在下属面前，”我开怀大笑，很久没有从心底里这样笑过了，“这种不人道的残忍惩罚已经被明令禁止了，提醒你一下！”

朱利安也笑了起来，然后很快回到他谈论的主题。“你每天早上都会刷牙，从来不会忘记，所以这是仪式的一个绝佳例证。如果你能把拉曼传授的领导真理付诸实践，并形成像刷牙那样的习惯，成为一名目光远大的领导者就指日可待了，我保证。”

“太棒了，我已经开始感到兴奋了。到现在，你已经向我解释了所有卓越的领导者都具有远大的目光，他们清楚地知道自己的目标，并集中精力朝这一目标努力。你还让我明白了，需要把拉曼的领导真理仪式化。现在，是否可以告诉我这一真理的要素了？”我，几乎难以抑制内心的好奇。

给下属早起的动力

朱利安抬头望望天空，天色已晚，繁星满天。他聚精会神地盯着一颗星星看，睁大了眼睛，似乎要努力看得更清楚些。随后，他嘴里咕哝了几句，尽管我没有听清他说的全部内容，但我听到一些：“原来你在这儿啊，我的朋友，好久不见了。”

一会儿，他意识到自己走神了，马上回过神来，把注意力重新放在我身上，脸上露出一丝不好意思的表情："抱歉，彼得，当一个人独处太久后，就淡忘了社交礼仪。刚才我有些走神了，十分抱歉。我刚刚发现了最近一周都在寻找的东西。"

过了一会儿，他继续说道："拉曼教诲我，高瞻远瞩的领导者都会实践一系列特定的仪式，准确地说有8项。这8项仪式浓缩了所有的领导智慧，这些智慧经过世代相传，由世界上最伟大的领袖实践过。这些智慧不同于现今商界中十分流行的速战速决、风靡一时的策略。相反，这些智慧反映了永恒的真理，是关于如何有效地激励人们采取行动，如何培养他们对你的忠诚，以及如何促使你所领导的人处于最佳状态的。拉曼利用其超凡入圣的思维，将这8项仪式归纳整理为一套领导系统，我之前已经答应过要与你分享这套系统，因为你很有耐心，也真诚地想学习更好的领导方式。现在，是时候教给你这套系统了。"

"你昨天突然来到我的办公室，临走时扔给我一个拼图玩具，我想这个拼图与第一项仪式有关，是不是这样？"

"的确如此，彼得。目光远大的领导者进行的第一项仪式，是以视野决定未来。简单地说，这个仪式是关于如何培养高瞻远瞩的眼光的。正如我之前所言，所有卓越的领导者都具有远大的眼光，对其组织的未来有着丰富的想象和清晰的蓝图。但仅有眼光是远远不够的，对于你组织里的员工来说，这种眼光必须要能激励他们的思维，触动他们的心灵。当人们看到领导者为他们描绘了壮丽的蓝图时，他们的行动会远超过使命的召唤。目标是世界上最有力的激励因素。

"拉曼告诉过我，人类最大的渴望之一是一种需要，即我们都想在他人的生活中有一定的影响。不管是CEO还是货物打包员，每个人都想让自己有所作为。伟大的领导者承认这一渴望，所以不断地与他们的下属交流，探讨他们的日常工作如何对世界产生积极的影响。他们也会点燃组织内的激情火焰，不断地向人们展示，他们从事的工作正在逐渐

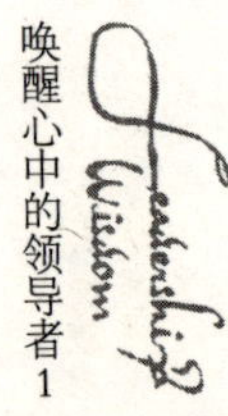

促成一项伟大的事业。简单地说，这些领导者为下属提供了一个理由，使他们甘愿每天早起。”

“非常有趣。我该怎么用于我的公司呢？”

“之前你说过，士气低落正在严重阻碍远见科技的发展。”

“是的。”

“那么谨记这一点，彼得。世上没有缺少动力的人，只有缺少动力的雇员。对于那些你认为缺乏动力和创新精神的团队，你可以找出其中任何一名成员，仔细观察他的个人生活，猜猜你会有什么发现？”

“我猜不到。”

“你会发现，这个人有自己的习惯，有能够令他兴奋的兴趣爱好。你还会发现，他会熬夜整理收藏的邮票，或者一连几个小时地学习外语，或者很有激情地练习弹奏乐器。地球上的每一个人都会因为某件事感到兴奋，或者从某件事中获得动力。领导者的首要任务是利用他的远大目光创造能够激发兴趣的事业，然后引导其下属为之激动，从而干劲十足。与其不断地命令员工朝着未来的目标努力工作，何不给他们一个努力的理由？如果发现他们依然没有动力，你要认识到，这是因为你尚未给他们足够有说服力的理由，没能让他们坚信你所设计的未来。记住心理学家早就发现的事实：人类具有趋利避害的天性。人类总是倾向于逃避痛苦，向往愉悦，所以聪明的领导者总会想出各种方法，将愉悦感与雇员的日常工作联系在一起，并与他们最终奋斗的事业联系在一起。”

朱利安继续说：“你公司当前的使命是什么？”

“拜托，我实在厌倦了听到什么使命。我觉得这整个概念已经走到了死胡同，如果你不介意我这么直白的话。”

“我同意，但事实依然是，明确公司未来的使命的确会让员工重新把精力集中于公司的事业。所以，请忍耐一会儿吧。”

“我们的使命是，成为客户的首选供应商，创造高品质的产品，在五年内使利润达到50亿美元。”我自豪地侃侃而谈。

“每个公司都梦想成为客户的首选供应商，可你觉得这样的目标会激励员工全力以赴吗？你真的认为，已经给了下属每天清晨不睡懒觉的理由了吗？你有没有向他们真正展现值得为之奋斗的事业？而关于那50亿美元的市值，我可以向你透露一个秘密，你可能是全公司唯一一个对此感到兴奋的人。这对组织内的普通员工没有任何情感方面的影响，无助于他们辛苦工作还贷款，或者为孩子挣学费。”

触动心灵的使命

朱利安的话使我哑口无言，我知道他想挑战我，刺激我探索新的思考方式。但他这番话对我的打击太大，因为这个使命是由我亲自起草的，而且它对我来说意义重大。

“我们一起想办法重塑你的未来，使之能更吸引你的员工。你们从事什么业务？”

“软件制作。”

“你们的主要市场是什么？”

“医疗护理领域。我们的软件用户主要是大型医院和医疗护理提供商，帮助他们更好地为患者服务。”

“啊，现在我们有些眉目了。”朱利安回答说，“你们的软件具体可以帮助客户做什么？”

“我们最畅销的软件能协助医生和护士监护重症病人，虽然去年才研发出这个软件，但据我们行业的贸易杂志最近报道说，这一软件已经拯救了10多万病人的生命。”

“对，这才是我所说的鼓舞人心的事业，”朱利安怀着极大的兴趣说，“如果你们能拯救几百万人的生命，远见科技能因此赢利多少？”

“这很难说，我得综合考虑许多因素，而且……”

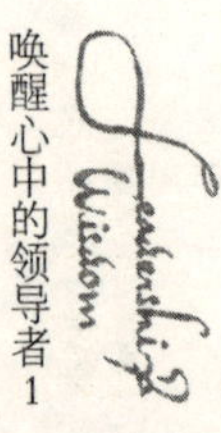

“我们暂时只谈论大概数字，”朱利安打断我，“你就告诉我，如果你们这个软件每年都能拯救几百万人，你们公司的利润是否有可能达到50亿美元？”

“是的，有可能。”我肯定地说。

“很好。假设你们的使命修改成这样——‘远见科技全心全意致力于为我们尊贵的客户提供技术先进、附加值高的软件，帮助客户顺利地满足其患者需要，从而拯救广大患者的生命。我们的五年期目标是拯救超过500万人的生命，对医疗护理行业产生显著且持久的影响’。”

“哇！”我立即感受到了朱利安这一说法的威力。

“听着，彼得，每个领导者的工作都是为其下属定义现实。他们要向下属展示更美好、更乐观和更具启发意义的世界观，要重新塑造面临的挑战，将其转变为增长、提高和成功的机会。他们的任务远不止向员工展示如何正确地做事。卓越的领导者善于清楚地阐述需要做的事情，这就给了员工一个具有说服力的理由，使他们发挥出比以往更高的工作效率。出色的领导者会不断向下属灌输这样的思想，即每个人为之努力奋斗的使命是有意义的、恰当的且高尚的。

“此外，真正高瞻远瞩的领导者会向下属证明，如果他们坚持朝着领导者设计的未来努力，现实将变得更加美好，从而给他们一种希望。换种说法，他通过使命的力量，影响员工的心灵和思维。拿破仑·希尔①把握住了情感的力量，他说：‘珍惜你的眼界与梦想，它们是你灵魂的结晶，是你终极成就的蓝图。’而奥里森·斯韦特·马登②则写道：‘世上没有比希望更好的灵丹妙药，没有比希望更伟大的动机。心里期待着更美好的明天，没有比这更能振奋人心的事情了。’确定一项使命，

① 拿破仑·希尔（Napoleon Hill，1883—1969）：美国现代成功学大师和励志书籍作家。——编者注

② 奥里森·斯韦特·马登（Orison Swett Marden，1850—1924）：美国作家、成功学奠基人、励志导师。——编者注

它值得你为之倾注每一分心血，它会成为你的驱动力，你存在的理由，你生命的任务，你从中获得激情的能量，它将渗透到整个组织的每一个角落。”

“太有道理了，朱利安。如果我为远见科技的未来设想一个真正能激发兴趣的使命或值得奋斗的前景，并且就此与雇员进行有效的沟通，满足他们因作出贡献而获得的成就感，他们必将对工作充满激情。”

“你说得对。而且别忘了，别太关注你在完成使命时会得到什么，而要开始更多地关注你所做的努力。全身心地投入到所做的事情中，不要在意努力之后的收获。”

“为什么？”

“告诉你一个拉曼讲给我的寓言故事，它将贴切地回答你的问题。”

很久以前，有个年轻的学生长途跋涉，千里迢迢地去寻找一位赫赫有名的精神导师。当这个学生终于找到这位精神导师时，他告诉导师，他的人生目标是要成为世上最聪明的人，所以他才不辞辛苦地来寻找最好的老师。看到这个年轻人求知若渴，这位导师同意传授知识给他，于是收他为徒。“我多久才能大彻大悟？”这个年轻人立即问道。“至少5年。”导师回答说。“太久了，”年轻人答道，“我可等不了5年！如果我比其他学生付出双倍的努力呢？”“10年。”导师回答。“10年？这样吧，如果我日夜学习，全身心地修炼呢？这样多久才能成为我一直梦想的智者？”“15年。”导师平静地回答道。年轻人迷惑不解：“为什么每次我说更加努力修炼来实现我的目标，你都告诉我需要更长的时间？”“答案很明显，”导师说，“你一只眼盯着收获，就只剩一只眼关注你的目标了。”

“真是寓意深刻。”

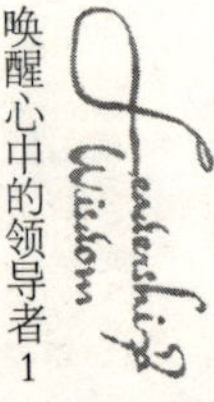

“事实的确如此，是吧？这个年轻人为了实现最终目标，思想没有集中在应该付出怎样的努力上，而总是想着会有什么样的收获。因此，他需要花费更多的时间。彼得，你需要将精力集中在贡献方面。收获的过程始于付出，这是关键所在。经常扪心自问：‘我们应如何努力？’这样一来，收获是水到渠成的事情，而且你会有超出想象的收获。正如一句东方睿语所言：‘赠人玫瑰，手留余香。’”

“仔细想来，千真万确。”我赞同道。

“我想到一个好例子。西南航空公司一直是最成功的航空企业之一。赫布·凯莱赫是该公司的领导人，他才华横溢、极具创新精神。他本可以轻松地将公司的发展目标设定为‘成为有史以来最伟大的航空公司’，或者‘致力于提高客户满意度’之类的话。但他并没有这么做，睿智的他明白，将员工团结在一个能在情感上激励人心的事业周围，西南航空自然会成为一家伟大的航空公司，并赢得巨额利润，产生广泛的客户满意度。所以，他以一种与员工息息相关的方式，定义了公司的发展方向。”

“他是怎么做的？”

“他这样阐述：西南航空是由一群特殊的人经营的一家非常特殊的航空公司，公司通过降低广告投入，向原本负担不起航空旅行的乘客提供了机会，使他们可以定期乘坐飞机。这意味着年迈的祖父母可以更经常地看望孙子孙女，小企业主可以开拓更广阔的市场。他向员工证明了他们的工作是如何帮助他人实现了梦想，过上更美好的生活。他深深懂得，作为一名高瞻远瞩的领导，核心任务之一是激励人的心灵。

“一旦他做到这一点，他的目标便可顺理成章地实现。所以你和你的经理们应该想办法向员工证明，他们的工作是如何直接或间接地改善了人们的生活。向他们证明，他们的工作非常重要，人们需要他们，以此满足他们渴望证明自身价值这一需要。关于领导力拼图的第一部分，这就是其中的全部内涵。因为当你以视野决定未来时，你是将员工与更高尚的事业联系到了一起。你的员工将会对其所做的工作感到欢欣鼓舞。而当员工对其工作感觉良好时，他们将开始对自己的人格感到满意，这时，你的公司即将迎来真正的突破。正如汽车大王亨利·福特曾经所说：‘除了那些为他人的目标拼命的人，其他人都是无动于衷的。’让你的员工在你的目标中占有一席之地，他们会为你带来丰厚的回报，那就是忠诚于你的领导。”

这时，朱利安伸手拿起旁边桌子上别人留下的一张报纸，推到我面前。我借着游廊微弱的灯光，看到头版有张照片。朱利安说：“我今天早些时候看到过这份报纸，当时有些心得，现在想与你分享。你从这张报纸上看到了什么？”

“看起来像一张地球的照片，像是航天飞机上的宇航员拍摄的。”

“没错。在正午的太阳底下，我用放大镜观察这张照片。猜猜我看到了什么？”

“猜不出。”

“我看到这张照片其实就是由几千个小黑点组成的。明天早上，试着透过一杯咖啡看一看，你会看到这份报纸的每一张照片都不过是由各种小点组成的。”

“好吧，你想说明什么？”

“当你问别人这张照片的主题是什么时，他们会很快告诉你这是地球，没有人会跟你说他看到了一万个聚集在一起的黑点。当我们看报纸上的图片时，受过的训练使我们聚焦在全景上，从宏观的角度去观察主题。然而，在商界中经常发生的情况是，领导者们忽视了长远目标，每日只聚焦于一些无关紧要的细枝末节。”

“过分关注小事。”我抓住了他这个例子的精髓。

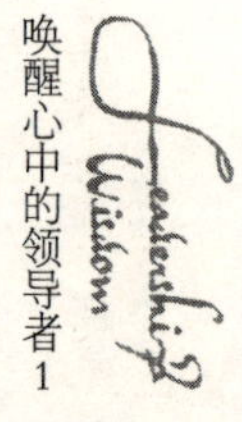

“孺子可教。由于总是聚焦于小事上，他们错失了良机，就好比如果只是关注构成照片的小点，就会错失整个世界的美景一样。若想成为一个高瞻远瞩的领导者，你必须集中精力于全景，即那项激励人心的事业，它才是你远大目标的核心。你必须让员工把目光集中在他们正帮助的群体上，集中在他们正触动的生活上，这会提供给他们所需的一切动力。”

“但是，因为公司从事着有意义的工作，用你的话说，朝着‘激励人心的事业’发展，从而有人愿意努力工作。可是难道所有人都能做到这一点吗？恕我直言，我的员工更关心的是他们的薪水，他们并不太关心公司或者公司的未来。”

“这是你的失误。”

“什么意思?”

“别再把你的领导不力归咎于下属，也别再抱怨变化无常的经济形势、日益增加的管理成本与竞争压力。如果他们还没有充分相信你勾画的蓝图，这是因为他们还没有相信你的领导能力。如果他们对公司不够忠诚，只是因为你还没有给他们足够忠诚的理由。如果他们对工作缺乏激情，那是因为你没有能够给他们可以产生激情的动力。勇敢地承担起所有责任吧，彼得。你要明白，只有卓越的领导力才能带来优秀的服从力。”

朱利安刚才所说的事实令我震惊不已。我以前参加过许多管理研讨会，与众多管理顾问一起合作过，但都没有使我领悟到这一道理。然而，我知道他的话是正确的。我内心深处的某些东西——也许是直觉——使我确信，眼前这个身着僧袍、充满活力的年轻人，将会显著地影响我的领导力，甚至是我的生活。我知道自己缺乏对未来清晰的认识，周围所有人都意识到了我这一失败之处。我深知，自己暴躁的脾气与缺乏自信的表现，以及对未来的不确定感已经传染了公司上下。我也明白，我的下属并不尊敬或信任我。朱利安刚才那番话千真万确，他们的确还没有充分相信我的领导力。

“当你的员工感觉到你确实把他们的利益放在第一位时，成为伟大领导者的理想就实现了第一步，”朱利安继续说道，“只有当人们知道你确实在乎他们时，他们才会为你赴汤蹈火。如果你开始把下属的利益放在首位，你将取得更大的成就，这甚至比激励他们的内心还重要。你将赢得他们的信任。永远不要忘记，赢得信赖的真正秘诀在于值得信赖。”

已是晚上 10 点钟了，高尔夫俱乐部的游廊上只剩下我和朱利安了。我本来想邀请他去我家继续谈，但后来我改变了主意。那天晚上，一切都是那么美好。夜空明亮，繁星点点，一轮圆月撒下光辉，为这个不同寻常的日子平添了一层神秘感。朱利安深深地沉浸在我们的谈话中，他侃侃而谈，鞭辟入里。他在喜马拉雅山上学到了宝贵的智慧，如果我去打断他，而不是专心致志地听他论道，我就是最傻的傻瓜。至少为了公司员工，我也应该珍惜这次机会。

解放潜能，赢得尊敬

“是否介意我问一个基本的问题，朱利安？”

“一点儿也不介意，解惑就是我来这里的目的。”他回答说。

“有远见的领导者如何才能向下属证明，他们确实把下属的利益放在第一位了？”

“问得好，彼得。首先要做的就是练习‘队列原则’。”

“从来没听说过这些。”

“‘队列原则’认为，当你那激励人心的事业——我们可以简称为‘愿景’——与你员工的利益处于同一队列中时，他们就会对你充满极大的信任、忠诚与奉献精神。你要确保所有下属都会参与到你对未来的计划

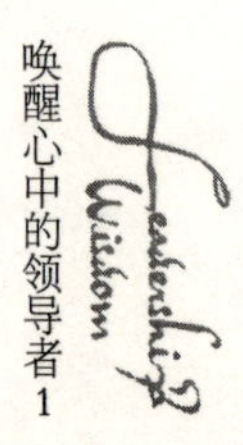

中来。太多对未来的憧憬都被束之高阁，而非活在人们的心中。无论高级经理还是一线工人，都要使他们从内心真正感受到，他们是公司的必要元素。使组织上下都能共同参与实现的愿景，是每个世界级组织的灵魂。”

“那我如何才能实现这一点?”

“你必须向他们证明，通过帮助你实现公司的发展目标，他们同样也将实现他们的个人理想。将你的目标与对他们来说意义重大的目标相结合，他们就会逐渐认识到你是真正关心他们的希望与梦想的，他们就会信任你。而一旦信任成为公司文化的主导，之前认为不可能的梦想将很有可能实现。”

朱利安补充说：“还有一个方法可以使你赢得员工的尊敬与忠诚，那就是变成一个解放者。”

我实在不知道他这句话是什么意思，可是不想问太多傻问题，只好点点头。

“你根本不知道我在说什么，是吧?”朱利安察觉到了我的想法。

“是的，确实没弄懂。”我无可奈何地承认，像一个说谎被抓住的小学生。

“那你为什么点头呢?”他追问道，“我不想表现得过于苛刻，因为我也不是这样的人。我今晚在这里，既是作为朋友也是作为老师的身份，想传授给你一些有益的知识。但请一定坦诚相待，坦诚是最重要的领导技能之一。记住，只有真诚才能带来信任。即使是些微的不真诚，人们也能感觉到。没有真诚作为基础，远见科技永远成不了伟大的公司。”

“好吧，对不起，我只是不想让自己看起来那么傻。”

“高瞻远瞩的领导者更关心的是做正确的事情，而非卖弄学问。永远不要忘记这一点，当领导不是为了出风头，而是要潜心研究如何正直为人。他关注的不应该是权力，而是目标；他追求的不是头衔，而是头脑。好吧，我们回到刚才要谈的重点。”

“洗耳恭听。”我诚挚地回答说。

“高瞻远瞩的领导者将自己视作人类才华的解放者，而非限制者。他们的首要任务是发掘员工的全部潜能，把工作场所转变成培养天才的基地。他们深知，与其他所有目标相比，公司首先必须成为员工自我发展的空间，提供给员工实现个人价值的机会。拉曼告诉过我，人类普遍具有的另一个渴望是成长与自我实现的需要。而聪明的领导者通过激发员工的潜力，来满足人们这一渴望。

“你作为领导者，如果致力于解放而非禁锢员工的才华，你将收获累累硕果，包括忠诚、生产率、创造力以及对你所设计的未来的执著。底线只不过在于：对自己感觉超级棒的人会带来超级棒的结果。这一领导力真理经受住了时间的考验，不要忽视它。

“然而可悲的是，大多数人并没有意识到他们自身蕴藏着多么巨大的才华与潜能。现代心理学之父威廉·詹姆斯曾经说过：‘大多数人，不管在生理方面，还是在智力或道德方面，都只发挥了非常有限的能力。我们每个人都具备有待挖掘的无限潜能，只是人们从来都不敢梦想。’他的话千真万确。对于自身的实际潜力，如果普通人能窥视到哪怕一点点，都会大吃一惊。可惜的是，大多数人从来没有仔细地审视自我，去发现他们无限的潜能。”

“是那些圣人告诉你的吗？”

“是的，没错。拉曼喜欢以故事阐述道理。”

根据印度神话，地球上所有的人曾经都是神。然而，后来他们开始滥用力量，所以主神布雷厄姆决定把这种神力拿走，藏在人们永远也找不到的地方。其中一个天神建议把神力深埋地下，但布雷厄姆不喜欢这个主意，他认为人类终有一天会挖到这个地方。另一个天神建议把神力藏在大海深处。“不，”布雷厄姆说，“终有一天，人类会潜水到达这个地方。”又有一个天神建议把神力放在最高山峰的山顶，但布雷厄姆还是不同意：“不，人类最终也会爬上顶峰，拿走神力。”诸神默默沉思良久之后，主神终于想到一个绝佳的地方，可以用来隐藏伟大的神力。“就把它放在人类身上吧。他们永远也不会想到这个地方。”

“寓意深刻!”我由衷地感叹道。

“彼得，所有人自身都具有巨大的能量，比他们想象的要大得多。作为领导者，你的任务就是为员工揭示这一真理。”

“我一直在仔细听你的讲述，朱利安。但是，你真的认为每个人都有成为天才的潜力吗?”

“天才拥有的是一种与众不同的自然能力，我们都有自己独特的天赋与才能。问题在于，大多数领导者从来没有给下属提供机会，让他们测试并释放天赋。绝大多数领导者并没有向员工展示成功的前景，并没有让他们发挥创造力与聪明才智去获得成功。相反，他们只是采用微观的管理方法，指示出每一个步骤，让员工照做。这些领导者把团队成员当做孩子一样，认为他们完全不具备独立的能力。长此以往，这种领导模式就禁锢了员工的想象力、能力和活力。然后，领导者开始抱怨自己的员工缺乏创新精神，生产效率和工作业绩低下等等。英国小说家H. G. 韦尔斯写过：‘领导者应该点到为止，及时隐退。他们的余烬不应该压灭自己点燃的火焰。’

“所以，当员工朝着你们共同的使命努力工作时，让他们自由地释放潜能。引导他们发掘自己的才华，为他们提供机会，使他们看到一个绚丽多彩的全新世界；给他们安排具有挑战性的任务，使其在磨炼中成长；让他们尝试新事物，学习新技能；包容他们偶尔的失败，因为失败的教训会让人更快地成长，如果你愿意，就当是免费的市场调研吧。失败是成功之母。你应该领悟到，聪明的领导者具有让员工保持积极乐观向上的智慧，而不是让其消沉。这样的领导者明白，员工的成功也就是他自己的成功。他完全能够领悟伯纳德·金贝尔的话——‘有两件事对心脏不好——向上爬山与让人滑坡。’”

朱利安显得神采奕奕，一边侃侃而谈，一边做着富有激情的手势。“拉曼的讲述具有无比的感召力，让我望尘莫及。”朱利安继续说，“一天晚上，在静谧的夜空下，我们漫步于深山之中，他对我说了一句话，使我终生难忘。这句话浓缩了领导力的精髓。”

“什么话？”我迫不及待地问道。

“他告诉我，作为一名高瞻远瞩的领导者，终极任务是赏识并尊重下属，使他们可以通过所做的工作尽情展现最大的潜能。”

“太精彩了！”我抬头仰望星空，细细品味这句话。

“的确，‘责任始于梦想’，诗人叶芝这样写过。有远见的领导者对下属负有一种责任，他知道自己有义务帮助下属成长并取得成功。这样的领导者深知，他最大的特权在于具有提升别人生活质量的机会。你需要不断挖掘员工的潜能，才能看到他们身上真正的能量，认识到他们能够完成的任务。伟大的心理学家亚伯拉罕·马斯洛说过：‘今天世界上的一切不幸、不安与不快，都因人们没有完全发挥自身潜能。’”

“嗯，还有一个问题。如果说对于有远见的领导者来说，首要任务是为员工创造最好的机会，而底线则是不重要的，那他如何衡量是否成功呢？”

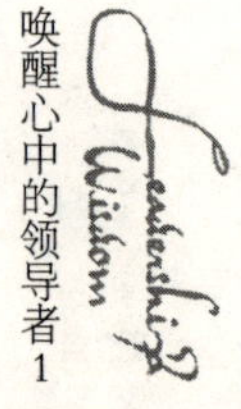

“我并没有说可以忽略底线问题，彼得。他当然非常清楚，为了公司的发展，必须要有利润。生产率、客户满意度和质量问题，都是领导者需要关注的，但重中之重是对员工的培养。他实际上把员工看成一群群的人力潜能，只待出现一个有意义的目的，便可尽情释放。而且这样的领导者知道，当人们以最佳的状态工作和生活时，利润便会滚滚而来。所以，现在可以回答你的问题了。高瞻远瞩的领导者衡量成功的标准就是，他触动了多少心灵，改变了多少人生。他衡量自己成功的标准，不是权力的大小，而是他向多少人赋予了权力。有道理吗？”

“道理非常深刻，朱利安，确实如此。嗯，那么接下来呢？”

“然后，一旦你和手下的经理们开始发掘员工的最大潜能，告知他们你为未来设计的伟大蓝图，并与他们进行沟通，当员工们都为你振奋人心的事业努力时，高效与利润将是水到渠成的产物。激励他们把精力投入到工作上，使他们感到这也是他们自己的事业，理解这一事业成功的意义所在。没有比理想更能激发人们激情的了。林肯深知这一点，甘地也明白，曼德拉、特蕾莎修女更知道。”

90%的成功来自行动

“恕我直言，我依然没有信心让我的员工认为我的事业是振奋人心的，无法使我的团队重获凝聚力。我非常喜欢你之前举的那个例子，即拯救500万人生命的说法。我对这个主意感到非常兴奋，我肯定我的下属也会有同感。我猜想，这将是一个伟大的起点。那么，你认为领导者如何真正形成对未来的愿景呢？”

“我不想故作高深，彼得，但这确实需要很大的努力才行。你需要时刻深思，对你来说最有意义的事情是什么，远见科技能够在哪方面作出最大的贡献与影响。学会静思，然后开始培养想象的力量。在脑海中设想，再过5年、10年或15年，你的组织将是什么样子。变化源于意识，所以要意识到未来可能出现的所有可能性。

“还有一个技巧可以用来帮助你确定未来的发展方向，那就是分析什么事情总是使你挑灯夜战，什么事情一直困扰你和你的客户们。仅仅满足客户的需要是远远不够的，每个好公司都能做到这一点，而你要超越这一点。力争消除他们生活中的烦心事，这是赢得客户忠诚度的真正秘诀。你预期困扰他们的会是什么事情，以此确定你未来努力的方向。接下来你要做的才是最根本的：一旦你对未来有了清晰的认识，要根据当前的状况不断地进行检查。如果你的规划能够鼓舞人心，你就会注意到一个差距，即你当前的状态与未来要实现的状态之间的差距。从这一差距之中，你会找出变革的策略。然后，发挥你的领导才能，以确保你的蓝图会很快变成现实。记住，90%的成功来自行动。高瞻远瞩的领导者具备的鲜明特征之一就是，将想法付诸实践。”

“所以，有远见的领导者是善于行动的一些人，他们不断地敦促自己寻找更好、更快的方法，将现在与未来相结合，以图最终实现目标。是这样吧？”

“是的，他们熟悉古老的‘决心递减规律’，并确保这一规律不发生在自己身上。”

“这是什么规律？”

“你等待执行新想法或新战略的时间越长，你的激情就会越少。我想，任何有过公司工作经历的人都对此深有体会。参加完一次激励人心的研讨会之后，大家都干劲十足，觉得学到了许多将会改变现状的好点子。但随后，日常琐事占据了我们的注意力，我们所有的决心与承诺逐渐被搁置。而且我们搁置的时间越长，最终实现的可能性就越小。所以最明智的做法是，每天都强化你的变革策略，以防止其瞬间灭亡，埋葬了你的未来愿景。正如歌德在多年前所说：‘不管你能做什么或者梦想

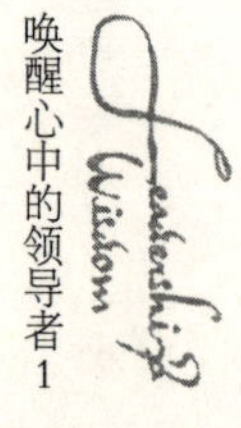

做什么，立即开始。勇往直前是天赋、力量与魔力的来源。'"

"简单明了、一针见血。"我试着完全吸收这些智慧之言的真谛。

今晚与朱利安在一起的几个小时里，我学到的领导艺术比之前在商界经历的还要多。朱利安传授给我的智慧有些其实只是常识，然而正如伏尔泰的名言："常识无处不在。"我想，我之前只是没有花时间仔细琢磨领导力的元素，以及如何在经营公司中使用这些元素。我的日常工作中充满了如此多的看似火烧眉毛的事情需要及时处理，以至于我忽视了有效领导的根本原则。

具有讽刺意味的是，由于这种疏忽，公司业绩每况愈下。这使我不由得想起灯塔守灯人的故事，我的祖父以前经常给我讲这个故事。

> 有个灯塔守灯人只有非常有限的灯油来维持灯塔照明，过往的船只借此避免触礁。一天晚上，住在灯塔附近的一个老头想借点儿灯油，照亮自己的房子，所以守灯人就给了他一些。又有一天晚上，一个过路的旅客祈求一点儿灯油，好点亮他的油灯继续赶路。守灯人也答应了他的请求。后来的一天深夜，守灯人被一阵敲门声惊醒，原来是一个母亲，她恳求守灯人也给她一点儿灯油，她想照亮房间，为家人做饭。守灯人同样同意了她的请求。没过多久，他的灯油用光了，灯塔熄灭了，许多经过此地的船触礁沉没，导致许多人丧生。这都是因为守灯人忘记了自己的首要职责，忽视了自己的主要任务，造成了惨重的后果。

我突然意识到，我走的就是守灯人的老路。朱利安与我分享的真理，都是发人深省、积极有效的领导艺术，而我之前的工作都不符合这些真理的要求。我认识到，除非简化自己的工作内容，不再本末倒置，否则我也将面临油尽灯枯的灾难，同样会付出惨重的代价。

整个晚上，朱利安第一次显出疲倦的神态。从他与我在游廊会面，已经过去好几个小时了。虽然他在发现真理的同时，显然也发现了许多恢复精力的秘诀，但毕竟是肉体凡胎，时间久了肯定也会疲倦。

“朱利安，由衷地感谢你的教导，我确实需要高人指点迷津。你整个晚上都在不辞辛苦地教我，我知道如果我立即把这些经验用在公司的管理中，将会取得立竿见影的效果。真希望可以与你秉烛夜谈，你总能鼓舞人心。但我们今晚不如就先谈到这儿，明天一早再去我的办公室继续谈。我会取消明天上午所有的安排，真心期待你的到来。现在，让我送你回家吧。”

“感谢你的邀请，彼得。不得不承认，我确实有些累了。虽然我看上去很年轻，但你知道我的实际年龄。虽然现在我感觉自己比 20 岁的时候还精力旺盛，但现在确实需要闭目养神，恢复一下体力了。如果你不介意，我想自己走回住处，反正离这儿也不远。”

“但这个地方在荒郊野外，方圆几里除了森林和田野什么也没有。”我说道，确实有点儿为他担忧。

“放心吧，”朱利安回答说，显然是不想泄露他的居住地，“我不会有事的。”

“那么，我们明早见？”

“我明天早上比较忙，而且之后的几天得去处理一些事情。”

“你不会是要找一辆新法拉利吧？”我开玩笑地说，尽管完全知道他会怎么回答。

“不，彼得，我开法拉利的日子已经随风而去了。现在，我只是一个简单的人，掌握了一些简单的真理，但我们的世界需要这些真理。我答应过拉曼和其他圣人，我将用自己的余生与那些需要的人共享这些真

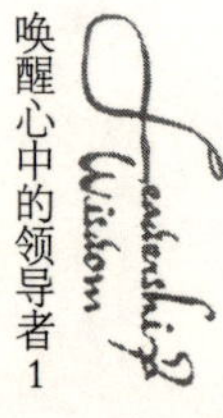

理，这就是我需要处理的事情。我们下周五见吧，怎么样？这样你也好有时间思考一下我与你分享的智慧，并把其中一些付诸实践。”

“当然好，朱利安，既然你这么决定了，那就下周五再见吧。老时间，老地方？”

“其实我想跟你在另一个地方会面。我们在市政府后面的小公园见吧，那里有些特别的东西，我想让你看看。”他的话给我留下了悬念。

“走吧，我送你上车。还有几个有效的领导力法则，我想告诉你。”

言行一致

我们站起身，沿着通往停车场的台阶往下走。突然，朱利安停住了脚步。

“这个俱乐部还留着那台大屏幕电视吗？”

“留着呢，怎么了？”

“跟我来就行，我要向你说明一个观点。”他一边回答，一边穿过黑乎乎的游廊，走进富丽堂皇的俱乐部内部。

“这位先生是跟您一起的吗？”当我们进入时，俱乐部经理问道，显然他对朱利安的装束很不满意。我点点头，继续跟在朱利安后面。我们进入了空无一人的大厅，那台大屏幕电视就在这儿。随后，我们都坐在电视机前，收看晚间新闻。

“是想看看今天发生什么大事了吗？”我不太清楚他想做什么。

“不是的。”他一边回答，一边从桌子上拿起遥控器，按了下“电台”按钮。这下可好，电视屏幕上显示的依然是新闻画面，但声音并不是新闻播音员的声音，而是一家地方电台播放的古典音乐，舒缓柔和。两者的反差非常强烈，屏幕上闪烁的是各种充斥在我们生活中的暴力画面，而扬声器里传出的则是维瓦尔第悠扬的乐曲。

"朱利安，你在搞什么啊？"

"不好意思，"他明知故问地笑着说，"有什么问题吗？"

"当然有问题了，画面和声音根本不同步。"

"这正像我们商业世界中的许多领导者一样，面对客户，他们说一套、做一套；面对员工，他们一面哭穷，一面却暗地谋划他们的'黄金降落伞'①；面对高级主管，他们赞誉不断、礼貌有加，但当主管一转身，他们立即开始诋毁、讽刺。他们缺乏荣耀感，没有个性，也不正直。他们的'画面'和'声音'完全不一致。"

我从来没想过，"正直"也是领导哲学的一部分。我一直奉行的是"为达目的，不择手段"的原则，我认为为了实现需要的结果，有时只能耍些手段。我越来越深刻地意识到，一直以来，我放任我的所作所为，都没有理会真相是什么。通过我的行为，我一直在向别人传达这样一种信息，即偶尔的欺骗无关紧要，这些是商业过程中正常的、可接受的部分。如果某个遇到困难的经理找到我，我会编造一些蹩脚的理由打发他。当出现更有利可图的生意时，我经常不遵守对重要客户的承诺。显然，这影响到了我的下属及他们做事的方式。

"高瞻远瞩的领导者更在乎正确的行为，而非表面的正确，"朱利安补充说，"他们并不将其领导行为看做一场刻意取悦股东的竞赛。他们对未来有着清晰的认识，他们会考虑所有人的利益，使所有人都朝着这一目标努力。在前进的路上必然会遇到风风雨雨，他们的远见就像灯塔一样，照亮前进的旅途。他们的行动有根深蒂固的原则作为支撑，这些原则会进一步为他们添加燃料，点燃内心的激情火焰。他们言行一致、表里如一。正直的领导者永远不会口是心非，他们的行动总会遵循坚定

① 黄金降落伞（Golden Parachute）是一种补偿协议，规定公司高层管理人员在公司被收购的情况下，无论是主动还是被迫离开公司都可以得到一笔巨额补偿费用。——编者注

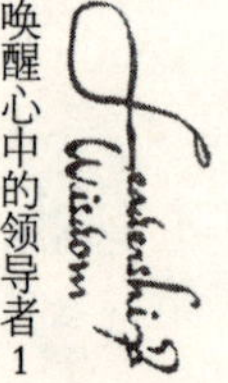

的原则。做一个有原则的领导者，彼得，有时候需要为他人挺身而出。这样，你就会得到下属的尊重，甚至是敬仰。”

“你说的原则是什么？”

“总的来说，我称之为‘甘地元素’，因为这些是贯穿甘地个人生活与领导工作的美德。这些元素包括诚实、勤奋、耐心、不屈不挠、忠诚、勇敢以及最重要的谦逊。通过研究这些美德，并将其融入你的领导实践当中，你将显著改善整个公司的面貌。当你的领导行为变得既符合道德要求又显得高屋建瓴之时，远见科技就仿佛找到了一个坚固的锚，即使出现大风大浪，公司也不会险象环生。当你面临危机时，不再有那么多的恐慌，反而会更加镇静。员工会变得英勇无畏、恭敬有礼。19世纪的西班牙哲学家卡洛斯·雷伊莱斯（Carlos Reyles）对此有过精辟的论述，他写道：‘原则之于人如同树根对于树。若没有原则，一阵微风就能把人吹倒。’”

“那我怎样才能把甘地元素应用于组织中呢？我是说，公司当前的形势相当糟糕，人们排斥一切新观点。大多数人觉得，我们在过去的一年已经经历了足够多的变革，足够我们忙活一辈子的了。”

“做个榜样。”朱利安的回答言简意赅，“一个追随者问甘地，改变周围人的诀窍是什么。这位伟人沉思片刻，然后回答说：‘你必须先改变自己。’你需要成为追随者可以效法的榜样，因为人们习惯按照所见来行动。古罗马哲学家塞内加对此深有体会，他曾经说过：‘我将赤裸裸地表现自己的生活与思想，如同整个世界都在看着一样。’”

“这句话非常适合挂在公司餐厅的宣传栏里。”

“或者挂在办公套间中，”朱利安坚定地说，“有眼光的领导者首先要成为他们自己的形象代言人，成为光辉灿烂的榜样，才能期望下属也朝这样的方向努力。不要既想马儿跑，又不给马吃草；不要自己花整个下午打高尔夫球，却指望下属卖力工作；不要一方面把自己的办公室装修一新，一方面却克扣员工福利；不要私下里偷偷地计划自己的退出策略，却指望员工相信你的宏图伟业。人们不是傻子，他们一眼就能看出你是在耍花招还是开诚布公。记住苏格拉底曾经说过的名言：‘成为伟人的第一步就是在实际生活中做个普通人。’”

我开始回顾自己在工作中暴露出的所有缺点，发现自己的确经常是嘴上说要做什么事，但实际上却转身去做另一件事。我通常更关心自己的利益，甚于关心下属员工。我的脾气反复无常，经常突然对员工大发雷霆，总是以自我为中心，从不善于倾听，而且缺乏真诚。我以为没有人会注意这些缺点，现在我意识到了，人们其实非常在意。在我整个管理生涯中，我第一次看到了自己作为领导者的缺点是如何影响公司的。我领导能力的不足，是公司缺乏服从力的根源。对于远见科技面临的种种困难，我应该停止归咎于别人和别的事情。现在是该进行自我反省的时候了，我应该自己首先“变革”。

“你自身的人格缺陷会导致所有下属的缺陷，”朱利安继续说，“当你对雇员粗鲁无礼时，你是在不知不觉地告诉他们可以对别人粗鲁无礼；当你对他们撒谎时，你是在怂恿他们也对你撒谎；当你开会迟到时，你似乎在说，守时无关紧要。”

“我如何才能成为楷模？长久以来我都是按照这样的风格做事，真不知道应该从哪里着手变革。”

“首先，我建议你全面审视自己的领导力。深入内心，找到自己作为领导者的优点，当然最重要的是反思缺点。你要先学会了解自我，正如我之前所说的，变化源于意识。然后，就像所有变革一样，不管是个人的还是组织的，从小处着手。我最近读到过一篇关于当地一家公司的报道，它正经历着与远见科技公司类似的困境——士气低落、生产率急转直下、毫无创造力、利润几乎接近于零。

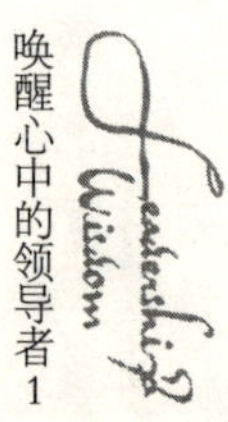

“该公司的领导者想出了一个主意。这位领导者意识到，一线工人很少亲眼看到她对公司作出的贡献，于是她采取了一项非常简单的措施——定期在员工的工作场所走一走。她注意到，与她楼上那间一尘不染的大办公室相比，工厂里到处都脏兮兮的，走道上堆满了垃圾，墙上到处是涂鸦，随处可见厚厚的尘土。很显然，这里没有人关心他们工作的场所。

“她定期在车间转转，与工人聊聊，有时悄无声息地捡起一些垃圾，希望这多少会影响到她的员工。不久，工人们纷纷仿效她的做法，也会捡起随意堆在地板上的垃圾，扔到附近的垃圾桶里。后来，由于注意到车间开始变得整洁，他们问这位领导者，是否可以用他们想要的色彩刷墙。她爽快地答应了工人们的要求，开始一次彻底的大扫除。工人们热火朝天地干起来，他们现在开始对自己的工作车间感到非常骄傲。这在一定程度上提升了士气，提高了生产率，并培养了雇员的主人翁精神。对于他们所从事的工作以及服务的公司，他们逐渐有了真正的兴趣，这一积极的变革迅速在整个公司中扩展开来，促进了良性循环。”

“而这一切都只是源于领导者一个简单的举动。”

“微小的举动会带来伟大的结果，彼得。永远不要忘记，你的员工在注视着你。他们时刻在留意你的做法，看哪些行为可以接受，哪些不能。所以，为属下员工树立一个榜样，借鉴故事中那个领导者的方法，从你那间禁锢心灵的豪华办公套间中走出来，与公司的员工倾心交谈，因为他们仰仗着你的领导能力。倾听他们的心声，发现他们关心的事情，聆听他们的希望、梦想以及困惑。对你公司的内部环境形成清晰的认识，正如拉曼曾经告诉我的：‘最后一个注意到水流变化的通常是水中的鱼儿。’”

说完圣人的这句话之后，朱利安与我握了握手，转身朝漆黑的夜色中走去，但很快又停住脚步，转过身。

“哦，差点儿忘了给你这个东西，在我们下周见面之前，它会为你提供一些思路。”他伸手从袍子中掏出一个东西，轻轻放到我的手中，然后迅速消失在夜幕之中。

当我坐进车里后，通过后视镜的微光看了看朱利安刚才给我的礼物。这又是一件木质的拼图玩具，同之前的那个一样，上面也有一个图案，而且也雕刻了几个字——关系：用脑管理，用心领导。

朱利安的智慧概览

仪式

○ 视野决定未来

本质

○ 关于振奋人心的未来的仪式

智慧

○ 目标是世界上最有效的激励因素。

○ 领导的首要任务是将下属团结在一个振奋人心的事业周围，这个事业同样要有益于他人的生活。

○ 伟大的领导力造就伟大的服从力。向雇员证明，你把他们的利益放在首位。

○ 高瞻远瞩的领导者致力于释放人们的才华，挖掘人们的潜力。

○ 做个有良心、有个性、有勇气的领导者。

实践

○ 将智慧变为一种习惯，以便你积极的意图会转化为切实的结果

○ 将你振奋人心的事业告诉你的员工，触动他们的心灵

○ 言行一致

箴言

> 作为一名高瞻远瞩的领导者，其终极任务是赏识并尊重下属，使其可以通过所做的工作尽情展现其最大潜能。

第06章

拼图2 关系

用脑管理，用心领导

正是那些对手下冷漠无情的人，在生活中遇到的困难最多，对别人造成的伤害也最大。人类所有的悲哀都来源于此。

艾尔弗雷德·阿德勒

开车回家的路上，我满脑子都是朱利安教给我的智慧。他对我说的这些话真是至理名言，我真希望在多年前就已经领悟了这些道理，这会避免许多烦恼与忧愁。如果我之前能够应用这些领导智慧，那么远见科技今天会是怎样一番情景？慢慢地，我开始设想公司10年后的状态。我想象，如果我们的公司成为行业内的龙头企业，将会是怎样的情景？再进一步展望，我将帮助多少人发挥自己的潜力，多少人的生活将因我们而改变？想到这里，我禁不住微笑起来。

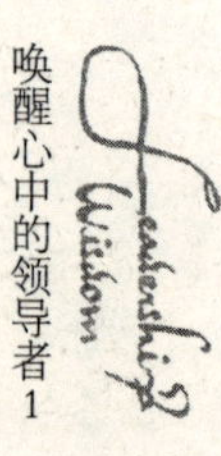

重拾自己的梦想，感觉真好。乔纳斯·索尔克[①]曾经说过："我有过梦想，也做过噩梦。但由于心中有梦，就不再害怕噩梦。"我认识的所有商界人士都是胸怀远大梦想的人，他们通过深深的思考，发现了振奋人心的事业目标，并立志为此奋斗终生。回顾我们年轻时创业的情形，我常常一坐就是几个小时，什么也不做，专心思考公司未来的方向。但随着公司业务的发展，令人头疼的麻烦事也接踵而至，人越来越忙，静静地思考甚至成为一件奢侈的事情。这次与朱利安重逢，我发现，他显然经历了彻底的蜕变，而且他将改变我的生活。我知道自己具备成功领导者的素质，但我需要知道具体做什么，而朱利安今晚为我指明了方向。我对未来充满了希望，一直笼罩在心头的乌云开始消散。我感到精神鼓舞、斗志昂扬，犹如重生一般。

深刻反思

那天晚上，我从便笺簿上撕下一张纸，虽然已经凌晨两点多了，但我依然开始写下自己当天的心得。我已经见识了第一块拼图——视野决定未来，以及许多与之有关的真理。现在，朱利安给我揭开了第二块拼图的冰山一角，似乎是要求我"用脑管理，用心领导"。我知道，其中依然有许多值得我学习的地方。

写完这些之后，我开始列举运用这些知识的方法。毕竟，朱利安已经警告过我可能会存在执行差距。想到远见科技的未来，我陷入了沉思之中。我问自己，作为一家企业，怎样做才能在业内产生最大的影响？我认真地思考着如何开始与下属开诚布公地讨论公司未来的发展方向；如何才能向他们证明，通过实现公司的目标，他们也将实现自己的理想；我为公司设计的新蓝图是否能够同时改善员工们的生活；我又该如

① 乔纳斯·索尔克（Jonas Salk，1914—1995）：美国实验医学家、病毒学家，以制造出首例安全有效的脊髓灰质疫苗而知名。——编者注

何向员工展示，他们的工作是多么重要。

突然间，我的思绪集中在了如何真正成为“解放者”的方法上。也就是说，作为一个领导者，我应该成为下属卓越才能发挥的解放者，而非限制者。我必须结束微观的管理方法，让下属对工作结果负有更大的责任；我必须明确的是目标，而非实现目标的方法，以便下属发挥更大的创造力和想象力；我必须让他们在工作中得以成长，使他们能够面临更多的挑战；我需要放手让下属去做他们能够胜任的工作，不必不断亲自监督和指导。而最重要的是，我必须重塑自己的领导者人格。

不能再无缘无故地乱发脾气，不能再背后议论人或者搞小动作，不能再玩弄手段和心机。当然，如果情况需要，我还得表现得坚毅与强硬，这是必须的。我还需要采纳他提到的久经时间考验的原则，来管理自己的生活与工作。远见科技公司的全体员工值得我这样去做。

在随后的几天里，我都盼望着与朱利安的再次会面，简直食不知味、夜不能寐。我的精力比以前更加旺盛，与此同时，他在喜马拉雅山学到的智慧已经变成我生活的一部分。我也解释不清其中的缘由，我猜想，这可能就像初次为人父母的感受吧。我重新找回了激情与目标，所有这些融合为一种情感。你丝毫不想错过任何这样的体验，终于有了重生般的感觉时，你只会心存感激。

初见成效

我把朱利安教给我的真理应用于公司管理当中，没过几天，公司便开始出现了明显的改善。我变得更加开放、诚实，开始更多地考虑他人的观点与利益。我的良好状态开始感染公司上下，我时常与下属沟通，共同探讨远见科技更加辉煌的未来。我开始真正地关心周围的员工，连我的行政助理阿丽尔——这个从来都一本正经的严肃女性，也开玩笑说

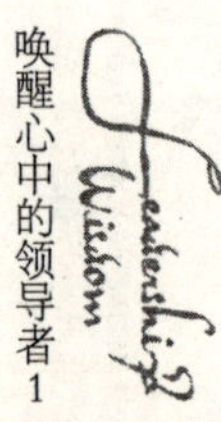

我肯定是被“来自更友善、更发达星球的外星人”克隆过了。“不管以前发生过什么，富兰克林先生，”她略显严肃地说道，“所有人都非常喜欢你正在发生的变化，而且希望你继续保持下去。昨天早上你在停车场发表的那番振奋人心的演讲，重新点燃了公司员工奋斗的激情，简直让人难以置信。这将载入远见科技的史册，毫无疑问!”

我盼望这个日子真是望眼欲穿，周五终于到来了。当我离开公司总部，驶往市政府后面的公园路上时，我的手指不停地摩挲朱利安给我的第二块拼图。这里面究竟有什么玄机呢？拼图上这句“用心领导”让我有点儿摸不着头脑，但愿朱利安不是故意与我兜圈子。

当我到达时朱利安已经在公园里等我了。尽管又是酷热难耐的一天，他依然穿着那身僧袍，不过，确实是僧侣的无穷智慧改变了他的人生。但非常奇怪的是，他今天还戴了一副时髦的深色太阳镜，而且是摇滚明星青睐的那种款式，这身装扮的对比实在太强烈了。

“墨镜很酷啊，朱利安。”我拍了拍他的肩膀，很高兴又见到这位亲爱的朋友。

“我知道你会喜欢的，我在一个小贩那儿买的。他说我的装扮得跟上潮流，于是我就买了，”他笑着说，“反正我也需要一副太阳镜来保护眼睛。”他抬头望了一会儿天空。

“不想失去长远而充满智慧的眼光，是吧?”我像个乖学生一样回答道。

“说得好，彼得，看来你下了一番苦功思考啊。”

“没错。我采纳了你的建议，不仅在思考你教给我的领导智慧系统，而且已经开始学以致用了。”

“很好！这次见面，我知道自己会不虚此行。我就知道，你会善加利用那些圣人传授给我的宝贵智慧。正如他们喜欢说的那样：‘师傅领进门，修行在自身。’”

“希望为时不晚，朱利安。公司问题百出，现在我意识到这一点了，并且已经将你教给我的道理运用于实践了。短短几天，就已经产生非常明显的效果了。”我高兴地向他汇报我们的进展。

“记得与我分享你们的成功故事，我肯定会听到许多动人的案例。”朱利安说道。

“说到这儿，我很想和你说一件事。我进行了一次‘头脑风暴’，想出几百个新颖的方法，可以用来实施我们上次见面时讨论的计划。其中一个主意是，给公司每名雇员1 000美元的年度预算，他们可以用来提高工作效率与个人效率。你说过，我有义务促进员工的成长，帮助他们更好地发展，所以我决定认真履行这一义务。你真该看看，当他们得知这一消息后有多高兴。我知道这是一笔不小的金额，但我把这看做一笔投资，而非纯粹的成本开支。正如你认为的，对自己状态感到超级棒的雇员注定会做出超级棒的业绩。”

“那么，他们都打算用这笔钱做什么事情?”

“这个项目刚刚启动，据我所知，有的人正在购买策划工具，他们一直觉得有必要更有效地管理日程与时间。有的人将预算花在励志书籍和教育课程磁带上，他们可以在开车上班的路上收听。还有一个人以非常个性化的方式花费了部分预算：他比较矮，而我们的生产设备要求他经常爬到较高的位置，所以他操作起来有些困难。他觉得很尴尬，一直没有对主管提及这件事，他怕大家笑话他。现在，他有了自己的一笔预算，于是他去买了一个简单的脚凳。他的主管告诉我，这个员工的工作效率翻了一番，而且从来没有见他这么开心过。”

“你开始体会到这些智慧的威力了，这些智慧经受住了时间的考验，原因非常简单，因为它们行之有效。”

“是啊。除此以外，我还做了一件事。”

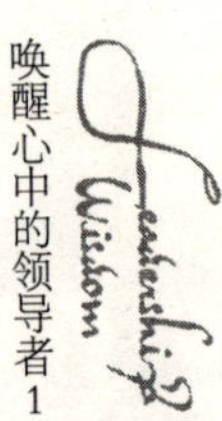

“什么事?”

“我开始承担更多一个领导者应该承担的风险，开始把自己视作新思想的创造者与催化剂。如果我自己不能持续地开拓新思维，探索新思路，如何能指望下属做到这一点？我重拾阅读的习惯，抽出时间沉思。我甚至开始定期地在办公楼里走一走，尽可能多地了解员工，就像你之前跟我说的那个领导者一样。”

朱利安微微一笑，显然对我的进步非常高兴，他说：“能承担风险是一项非常有力的成功技能，然而大多数人不具备这一重要的领导素养。我们从来不愿走出安全区域，去探索未知的地带。拉曼对我说过：‘你的胳膊伸得越远，就越容易跌倒，但同时也能摘到越多的果实。’目光远大的领导者善于冒险，他们不断尝试新事物，这成为他们的一种习惯。正如古罗马哲学家塞内加很久以前说过的：‘并不是因为事情难办，我们才害怕；而是因为我们害怕，所以事情才难办。’”

“为了整顿组织，清除积弊，再和你说一件我正在冒险的事情。我读到过一篇文章，讲的是新加坡一家业绩突出的公司。这家公司每周五下午会关闭工厂两个小时，各个团队利用这个时间各自聚在一起，讨论最新的管理学畅销书。这一做法不仅增强了团队成员之间的友谊，而且使他们能够发挥出个人和组织最大的优势。”

“真是个好主意!”朱利安一边回答，一边坐到树荫下的草地上。

“我也将这一做法引入了远见科技，我的经理们对此十分感兴趣。此前，他们一直抱怨没有时间阅读商业书籍，没时间学习当前的管理趋势。而现在，他们可以带薪充电。”我自豪地说道。

“相信我，从长远看，这个主意最终会给你省钱的。在大多数公司，低下的效率来自过时的思维与无效的管理系统，而且往往持续存在，有时甚至会造成致命的后果。将下属的利益放在第一位，这是你能学到的最有价值的领导力培训课程。这引出了拉曼领导系统的下一个要素，也就是我给你的第二块拼图：用脑管理，用心领导。”

永恒的人际关系原则

“这是一项关于人际关系与沟通能力的仪式。简单地说，若能丰富人际关系，必能提高领导力。”

“人际关系真的如此重要吗？我的意思是，我认识许多领导者，他们很少在乎与下属的沟通问题。他们把自己的任务看得很简单：为股东创造利润与价值。其他一切都可有可无。”

“这些所谓的领导者并不具备长远的目光，他们与真正的领导者有着天壤之别。真正有眼光的领导者绝对不会试图在尽可能短的时间内，挤压尽可能多的公司利润，然后提早退休，溜之大吉，去巴哈马群岛逍遥快活，给公司留下一个烂摊子。虽然短期利润对有眼光的领导者来说也很重要，但他们考虑更多的是长期效益。他们深知，让下属慢慢发挥潜能，培植公司赖以生存的强大根基，财源自会滚滚而来。你刚才提到的领导者就像短跑选手跑马拉松一样，他们在最初的一两公里可能会遥遥领先，但在随后的赛程中会丧失所有优势。最终，他们会输得一无所有。

“无情地压榨员工来追逐利润，这一点谁都能做到。但是不久，员工会疲倦，设备会出故障，因为人和机器都没有得到很好的休整。记住，良禽择木而栖，做任何事都不能违背自然的规律。”

“那么，我该怎么做，才能应用到实践中呢？”

“我马上给你展示。”他一边回答，一边看了一眼坐在不远处一棵树下的一对老夫妇。老两口正在野餐，像孩子一样开心地笑着。“看到那边的老夫妇了吧？过去的几周里，我一直在观察他俩。有时，我看到他们在池塘边喂鸭子；有时，我看到他们围着公园骑自行车；还有的时

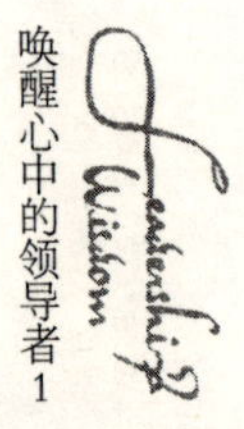

候，我在这边的草地休息，甚至能无意中听到他们的谈话，”朱利安说着，表情很尴尬，“我可以肯定地告诉你，他们的感情非常深。”

“我在想他俩结婚多久了？他们看上去真是恩爱极了。”

“我无意中听到，他俩已经结婚43年了。”朱利安回答说，“上周，正是在这个风景迷人的公园中，他俩庆祝了结婚纪念日。他们与一群亲朋好友分享了一个巨大的蛋糕。那天的纪念聚会非常热闹。”

“整整43年，这在今天这个时代实属罕见。”朱利安摘下墨镜，擦了擦脸上的汗，“这老两口遵循着一种永恒的人际关系原则。拉曼告诉过我，聪明的领导者会采用这一原则来培养下属对自己的尊敬，建立持久的信任关系。如果说我从中学到了什么，那就是世界一流的组织同样也是充满高度信任感的组织。对于每一家世界顶尖企业来说，信任是必备元素之一。如果你的员工不信任你，不信任你的经理以及他们的同事，他们无论如何不可能跑完全程马拉松，更无法为你带来最好的效益。没有信任就没有奉献，没有奉献就没有公司存在的根基。”

信守承诺

“那么，这对老夫妇都做了些什么事情？”我饶有兴趣地问道。

“主要有四件事：守信、倾听、满怀同情，以及最重要的——说实话。”

“这些就是他们感情深厚的秘诀吗？”

“拉曼教导过我，这些是建立和谐人际关系的秘诀。他对我说，如果你想成为成功的领导者，就必须将这四个秘决融入自己的领导风格中。这是所有和谐关系的基石，有助于你每天实践第二块拼图中的内容。”

“这些看起来太简单了，真的能影响我的团队吗？”

“许多历久弥新的领导力真理都有一个共性：看似简单，甚至显而易见，以致人们对这些不屑一顾。它们不像眼下所谓的高深理论那么时髦，所以人们将其搁置一边，转而追求更花哨、更吸引眼球的领导策略。我问你，彼得，你每天都做到这四件事情了吗？"

"这个……没有。"

"我们先说第一件事吧。你能信守你许下的大部分承诺吗？"

我马上可以回答这个问题，因为我总是不能信守自己做出的承诺。我总是告诉自己的雇员，说我有时间与他们会面，但当真的有人有问题想和我讨论时，我总是找各种借口搪塞他们。有一次，我答应一个高级主管，要让她担当重任，她也一直主动要求承担更多责任。但随后，我没有履行自己的诺言，没有给她提升。我简直就是一个毁约大王。

"你每次的言而无信，不管看起来多么无足轻重，都会逐渐破坏你的形象。"朱利安打破了沉默，"如果你没有如约给人回电话或者按时参加会议，每一次这样的行为都会损害你的可信度。你每一次的背信弃义，都是在撕裂你与下属之间的关系纽带。正如拉曼过去常说的：'每次该做正确的事却不做，都会助长做错事的恶习。'"

"那对恩爱的老夫妇总能互相信守承诺吗？"我满腹怀疑地大声问道。

"他们当然能做到。当丈夫答应他中午将与妻子在热狗店吃午餐时，他绝对会准时出现。当妻子说她想找一天骑自行车锻炼时，毫无疑问，那天他们的小卡车会停在停车场。看，彼得，当人们信守承诺时，他们其实是在培养忠诚。妻子知道她完全可以信赖丈夫，而丈夫也可以信赖妻子。这会使他们保持一致，这是人际关系中一种重要的品质。丈夫和妻子知道可以相互依赖，知道对彼此的期望不会落空，这会进一步增进双方的信任感。永远不要在自己许诺之后又反悔，只有信守承诺才会结出甘甜的果实。"

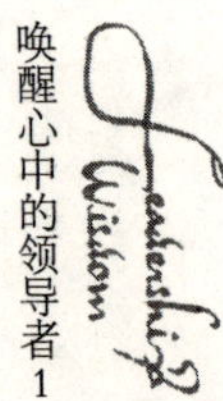

"朱利安，你是第一个向我展示信守诺言与人际关系之间联系的人。我知道你的话是对的，我要想成为伟大的领导者，就必须信守向别人做出的承诺，成为一个他们可以真正信赖的人。我要获得下属的信任，赢得他们的忠诚。从今往后，我要做一个一言九鼎的人，言出必行，我保证。"

他笑了笑，说："我看好你，我的朋友。"

朱利安站起身，信步走开，此时依然艳阳高照。尽管他已年近花甲，但步伐依然矫健。他漫步在公园里，年轻的脸上带着笑容，继续讲述人际关系之于领导力的威力。

积极倾听

"为了使'用脑管理，用心领导'成为你领导风格的一部分，你还必须具备另一素养——倾听的艺术。成功的领导者会认真倾听别人说话，抓住他们的内心。大多数领导者认为，若想有效地领导，他们需要在谈话中占据主动。他们经历过的洗脑式教育使他们坚信，发号施令的永远是领导者，而下属只有听话的份儿。而有眼光的领导者则明白，被别人理解是人类一个深深的渴望。每个人都热切希望拥有发言权，而且希望自己的发言受到重视。所以，伟大的领导者都是优秀的倾听者，他们也因此而成为出色的沟通者。"

"等等，朱利安，你难道是在告诉我，通过更有效的倾听能更有效地与人沟通？这怎么可能呢？"我不解地问道。

"你想让下属信任你，对吧？"

"当然。"

"你想让下属忠诚于你和你的远见科技公司，对吧？"

"是的。"

“那么谨记这一点：倾听别人说话便是尊敬他的标志。这会证明你重视他们、信任他们。你必须设身处地为他们着想，必须学着从他们的角度思考问题，必须与你正在交流的人产生共鸣。你需要真正深入他们的内心，探索他们的真实想法。只有这样，你才能理解他们，并使他们感到自己真正被理解了。而在这之后当你发言时，他们也会倾听你讲的话。记住，彼得，你能给予别人最好的礼物之一，就是用百分之百的注意力倾听他们。倾听实际上是最好的恭维。”

“我发现自己确实不是一个好的倾听者，我越来越意识到我有多么不擅长倾听。我经常将许多共事的人拒于千里之外，我总是不注意他们的感受，而这实际上是在告诉他们我不在乎，或者说他们的话对我没有多大意义。现在想来，这一点显而易见。而且我肯定，这也是我们公司士气低落、彼此不信任的根源之一。我想，我只是从来没意识到，优秀的倾听能力是如此重要。”

“当然重要！”朱利安迅速回答说，“我们来看看你的倾听能力有多糟，来快速测试一下吧。”

“一定要测吗？”

“我说过，彼得，有意识才有变化。在你能够提高你的领导能力之前，你必须精确地知道需要提高哪些能力。没发现的弱点永远无法转化为优势。现在我来问你，你经常打断别人的话吗？”

“是的。”

“你经常替别人说完他正在说的话吗？”

“偶尔。”我撒谎说。

“当别人说话时，你会在心中演练自己的回答吗？”

“有可能。”我替自己辩护道。

“好吧，你我心里都很清楚，你需要学习一些聆听的艺术啊。如果你真的想抓住人们的内心，你必须停止一边准备回答一边听人说话的习惯了。相反，要抱着理解的态度去倾听。”

“这个说法真是高明，朱利安。但是我想问你，如果说有效的倾听是一项如此重要的领导素养，那为什么很少有人这么做呢？”

“问得好。首先，人类是视觉动物，83%的感觉来自我们的眼睛，因此经常忽视听到的信息。举个例子，你受邀参加一次鸡尾酒会，进入会场后，你被介绍给其他人，并开始与那人攀谈。几分钟之后，你意识到自己忘了一件事。你觉得有可能是什么事？”

“忘了拿杯酒？”我开玩笑地说。

“不，是那人的名字。”

“的确，我总是这样。”

“不止是你，超过90%的商人在介绍给别人8秒钟之后，就会忘记对方的名字。原因之一在于，只要我们遇到陌生人，大脑就开始处理所有视觉信息和有形的信息，例如身高、体重、性别、握手的力度和面部表情等。在这一过程中，对方的姓名被我们忽视了。”

“因此，我们需要更多地注意我们听到的信息。”朱利安继续说，“大多数领导者不能成为优秀的倾听者，其中第二个原因是，人类具备的聆听能力约为每分钟500个词，而我们说话的速度却慢得多，大约为每分钟100~125个词。由于听与说之间的这一差距，我们的思想开始走神。”

“真有意思。确实如此，当我应该聚精会神听别人说话时，我的思想总是开小差。开会时，我本该专心听发言人讲话，但思维总是围绕所有急需处理的事情。甚至当我与人单独会谈时，注意力也难以集中。怎样才能集中精力听别人讲话，学会理解说话人的意思呢？”

“倾听是一种习惯，需要时间和反复的练习。但相信我，绝对值得一试。我最近听说，倾听甚至可以促进人的健康，因为它可以降低血压、减缓心率，使人感觉更平静。我们的目标是成为‘积极的倾听者’，这是拉曼的经典原话。我知道这句话听起来有些矛盾，但实际上不是。

“尝试一下这些简单的做法。第一，培养提问题的技巧。学会问你的员工一些开放式问题，然后倾听他们的回答。有一个领导者设想出了一个简单而有效的方法使这一过程更加顺畅。他从公司召集了一些雇员，就如何提高公司业绩向他们征询一些详细实用的建议。这一做法有两个立竿见影的好处，首先，使这些雇员感到有人愿意倾听他们的意见，进一步增强士气和彼此间的信任感；其次，管理层搜集到了最可靠的免费建议，因为这些建议来自熟知公司弱点的一线员工，而非收费昂贵的外部顾问。管理层随后采纳其中最好的建议，依据可靠的业绩特征对其进行科学检验，例如销售额、客服投诉和质量标准等，以判断哪些建议切实可行。通过倾听员工的建议，这家公司的业绩蒸蒸日上，成为行业领头羊。”

“很好，我完全被你说服了。”我回答说，“你刚才提到的那些‘开放式’问题，能具体说说是哪些吗？”

“比如‘为了帮助你更好地完成工作，我能做什么’，这样的问题会引出许多不同的回答。而封闭式问题则是这样的，‘如果我给你买一台新电脑，会更有利于你的工作吗’。设计一系列开放式问题，这些问题旨在让你的员工敞开心扉，与你无话不说。”

“比方说？”

“‘你工作中最大的成绩是什么？’‘你最喜欢做的事情是什么？’‘为了让公司发展得更好，我最需要做的三件事是什么？’‘什么能让你激动或振奋？’以及‘如果你是公司的领导者，你会做什么？’之类的问题。但是我建议你花点儿时间设计出自己的问题。我要说的重点在于，你必须善于提出问题，永远不要忘记，提问的人实际上主导着谈话的内容。”

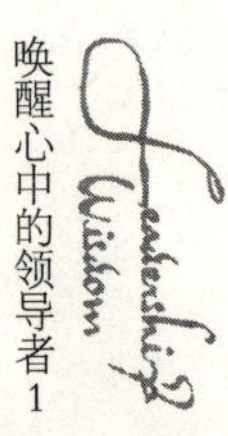

“真的吗?”

“千真万确。培养更积极的倾听技巧，我的第二个建议是，简要概括并重新组织你听到的信息。这样，你就能充分领会对方传达的信息，也会使对方感觉到你可以理解他。”

“我怎么做才能总结概括并重新组织别人的谈话内容呢?”

“可以用这样的表述，例如：‘为了确认我准确地理解了你的话，你是否在说……?’相信我，彼得，这样的问题会起到奇妙的作用，有助于改善你的人际关系，提高你的沟通能力。另一个有效的办法是记笔记。当人们看到你拿出纸笔记下他们所讲的话时，设想一下他们会有什么样的感受。这一简单的举动会让他们觉得你非常认真地对待他们的意见，而他们最终也会真诚相待。这不是教你要小聪明，不是为了愚弄别人。而是帮助你与员工更好地沟通，建立更深层次的人际关系。但是，如果你不是发自内心地渴望与他们交流，你永远不会得到信任与尊敬。”

“我猜，那对老夫妇肯定非常善于互相倾听吧?”

“是的。当妻子讲话时，她的丈夫总是聚精会神地听着。当丈夫说话时，妻子会做一些概括和解释，让他明白她完全领会了他讲的内容。我并不是说这几天来我都在偷听那对恩爱夫妇的私人对话，但偶尔听到的几句足以证明他们已经出色地掌握了倾听的艺术。你也该掌握。”

“好的，我明白你说的要点了。就像你教我的其他领导力智慧一样，这一条也很有道理。只是为了确认我准确地理解了你的话，你是否在说我应该践行第二块拼图的内容，即用心领导，信守承诺，并且成为积极的倾听者?”

朱利安眼睛一亮，知道我刚刚用上了他“总结概括并重新组织”的方法。他拍了拍我的背，说：“走吧，去吃个热狗。”

“你还吃热狗?”我诧异地问道。

“是买给你吃，我的朋友，你肯定饿了吧。”他关心地说道。

我们一边走，朱利安一边向我揭示改善人际关系的第三个要素，他很有把握地说，这会使我得到更多的尊敬、忠诚与奉献精神。

满怀同情

“成功的领导者总是富于同情心。他们不断向团队成员表示关爱，想方设法地证明他们真的关心下属的利益。彼得，人类另一个渴望是得到关爱。用心理学家威廉·詹姆斯的话说，‘人类最深刻的本质是渴望得到赏识’。不管你是谁——年轻的学生也好，强壮的工人也好——地球上每个人都殷切渴望得到良好的对待。杰出的领导者深知这一点，因此他们总是对员工富于同情心，努力满足他们这一需求。”

“究竟怎样才能做到‘富于同情心’呢?”

“只要让你的仁慈在工作中闪耀光芒即可。在日常工作中，向人们展示你的礼貌周到、细心体贴以及对他们的尊重。现代管理学之父彼得·德鲁克曾经说过，风度是组织的润滑剂。所以，善待你的下属，尊重并珍爱他们。我想歌德领悟到了其中的真谛，他说：‘像对待完美的人一样对待他人，帮助他们最大限度地发挥出自己的潜能。’我的朋友，这就是成为伟大领导者的秘诀之一。”

“但是，恕我直言，如果我总是对下属过于友善，会不会显得太软弱了？我经常听说，最出色的领导者都是最强硬的领导者。”

朱利安沉默了一会儿，给我买了一个香喷喷的热狗，然后看着我抹上厚厚的芥末酱，有滋有味地吃了起来。我知道，他意识到我提的这个问题很重要，需要整理一下思路。

“成功的领导者将仁慈与严厉融合于一身，”他给出了如诗般的回答，“他们都懂得恩威并施。”

“什么意思?”我一边大嚼着自己的午餐，一边问道。

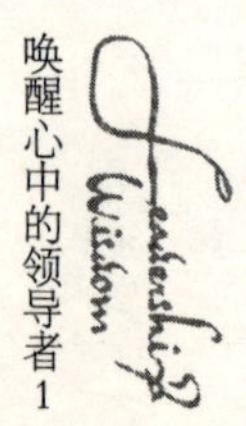

“许多领导者与你刚才的想法一样，认为出色的领导者都是强硬、独断的人，友善并不是出色领导者的行为风格，而且领导者不应该表现得过于友好。因此，即使大多数领导者都是颇有风度的人，但他们经常会掩饰真正的自我，总是摆出一副强势的样子，总是表现出强硬的、让人畏惧的性格特征。不幸的是，独断专行的领导风格只会不可避免地导致两种后果：人们或变得胆战心惊或变得反叛。不管哪种后果，都会使公司死气沉沉，最终被竞争者超越。”

朱利安停顿了一会儿，补充道：“我并不是说有远见的领导者不够强大，当形势需要时，他们会表现得足够强硬。实际上，他们是最强大的领导者，因为他们相信自己的眼光，不断做出正确的决策，这需要巨大的勇气。但是，他们永远不会忽视下属的利益。他们不管多么忙碌，总会抽出时间关心员工。他们并不介意表现得像普通人一样，这种柔情反而使他们与下属更紧密地联系在一起，从而建立起持久稳固的关系。

“如果你真心希望远见科技能进入世界一流企业的行列，彼得，我要求你做的是忘记所有那些花里胡哨、流行一时的管理教条，这样的理论充斥于各种商业期刊中，你应该更多地关注那些永恒的真理。其中最行之有效的真理之一是，人们真正爱戴的是重视他们、珍爱他们的领导者，他们渴望一位善良体贴的领导者。”

“那么，我如何才能做到‘富于同情心’呢？”

“看看那些坠入爱河的情侣们就知道了。”朱利安指着那对老夫妇回答说。

这时，丈夫刚好把手伸到野餐篮子里，拿出一顶大草帽给妻子戴上，防止炽热的阳光晒伤妻子。“这个丈夫的行为，正是拉曼所说的‘细微的关怀’。他总是通过许多小事向妻子证明，他内心是多么关爱妻子。有时他撑起遮阳伞为妻子挡太阳，有时他为妻子从水壶中倒一杯冷饮。几周前下大雨的时候，我亲眼看到他把妻子抱起来走过一个小水坑，生怕妻子弄湿了脚。”

“你的建议是什么，朱利安？你不会是想告诉我，我应该为员工准备冷饮，或者抱着他们走过停车场附近的水坑吧？”我半开玩笑地说道。

“当然不是。你应该很了解我，即使当我还是那个工作拼命、生活放浪的律师时，我也一直是脚踏实地、实事求是的。我要说的，是让你想方设法将‘细微的关怀’传遍你的组织上下。正如我之前所说，你要首先成为一个榜样。榜样的力量是无穷的，‘其身正，不令而行’。于细微之处体现你对下属的深切关怀。”

“比如说？”

“比如，亲手写一张感谢卡片，送给工作出色的员工。我认识一位CEO，他手下有一万名雇员，但他给每个人都赠送了一张有他亲笔签名的圣诞卡。他每年1月开始这项工作，每天坚持写几张，以确保能在12月写完。当然，这项工作每天都会占用他一些时间。但谁都难以否认，这一举动对员工产生了积极的影响。再比如说，你可以不用秘书，亲自接听电话，或者抽空在走廊里走走，与见到的员工攀谈，真心地问一句：‘家人可好？’施乐公司①的CEO保罗·阿莱尔经常让摄影师拍摄他与公司某个生产能手的合影，然后送给工作出色的销售员。这些细微的关怀胜过千万句豪言壮语，日积月累，这些小事会让员工相信，你真正关心他们的利益。把更多的精力分配给你的员工，正如爱因斯坦所说：‘我经常感受到，自己的外在事业与内在精神生活，都建立在周围人的辛勤工作之上。同时我深深地明白，我必须怀着一颗感恩的心，辛勤地工作，以便回馈我受到的恩惠。’”

“我同意，朱利安。尽管我很忙，但我知道我至少可以做到其中的

① 施乐公司（Xerox Corporation）是全球最大的数字与信息技术产品生产商，全球500强企业之一，以20世纪最伟大的发明之一——静电复印技术而闻名。——编者注

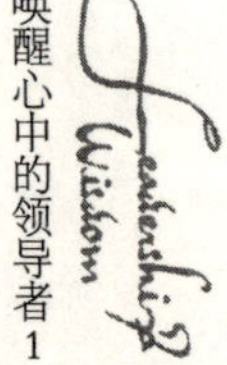

几件事，来与组织中的员工建立更深刻的联系。你的意思是说，细微的关怀可以产生巨大的意义，是吧？”

“一点儿没错。1963年，气象学家爱德华·洛伦茨提出了一条简单的理论假设：南美亚马孙河流域热带雨林中的一只蝴蝶扇动翅膀，会在美国得克萨斯州引起一场飓风。长久以来，人们认为在宇宙这架巨大的机器中，原因与结果是相匹配的。令气象学界所有人都惊讶不已的是，洛伦兹的假定理论（即后来著名的蝴蝶效应）颠覆了这一观点，成为一条自然原则的标志，即微小的行为可以引起巨大的结果。细微的关怀并不难做到，彼得。当某个雇员喜添贵子时，亲自打个电话道喜；当某个工人面临挑战时，给他一些鼓励。这些小细节都会极大地改变人们看待你的方式。记住，无论如何你没法传真一次握手。”

开诚布公

“我会这样做的。那么，‘用脑管理，用心领导’的第四个要素是什么？”

“除了守信、积极地倾听和富于同情心之外，最后一个要素是讲实话。最好的领导者都具备诚实的品质，这样，他们才能赢得下属的真心。他们还与所有人分享信息，将信息共享视作头等大事之一。他们深知，成功的领导取决于他们在任何时候与人共享信息以及自己的开诚布公。”

“你说最好的领导者都是‘坦诚的’，这是什么意思？”

“为了真正赢得人们的支持，使他们投身于你所设计的发展目标中，你必须与员工尽可能多地沟通。他们对你做的事情了解得越多，就会为你的目标投入越多的精力。如同积极地倾听一样，开诚布公与分享思想也是尊敬他人的一种标志。及时、准确地告之即将影响他们生活的事情，这种礼貌的做法会使他们感到自己非常重要，他们会觉得你重视他们。如果接下来你能一直保持沟通渠道的畅通，你的雇员将开始重视你作为领导者的角色，尽最大的努力不使你失望。魔力在这时开始显现。”

“什么意思?”

“拉曼认为，当员工对领导者的领导力深信不疑时，他们会竭尽全力不让领导者失望。如果你与员工的人际关系能达到这种融洽的程度，可以说作为一名领导者，你已经达到了最高水平。这时，对你的组织来说，一切皆有可能。”

我知道，与朱利安谈及的榜样相比，我差了十万八千里。我一直认为雇员对公司内部事务知道得越少，越有利于领导。但是，朱利安的分析非常正确。了解情况的员工总是能很快领悟我所做决定的逻辑，他们会对我的领导力抱有更大的信心，因为他们知道我将要采取的行动的内容和依据。而且，他们肯定也对公司有着更强烈的主人翁意识。这一切都告诉我朱利安刚才给我分析的道理不仅是正确的，而且是明智的。

朱利安补充说：“开诚布公与诚实正直还可以让你妥善处理日常的小问题和小摩擦，防止问题升级、事态扩大。”

“你又把我弄糊涂了。”

“举个例子，一家著名的公司解雇了一名高级主管，公司士气遭到重创，谣言四起，说这位前高级主管负责的部门问题重重，其他部门的雇员也开始人心惶惶，担心丢掉饭碗。幸运的是，该公司的总裁是一位很出色的领导者，因为他理解开诚布公的重要意义，所以他立即召开会议，解释辞退那名主管的真正原因——公司仅与该主管签订了短期合同，聘用他的目的是提高他所负责部门的生产率。由于该主管完成了任务，他负责的部门重新运行良好，所以总裁决定没有必要继续与其续约。尽管有点儿失望，但该主管从一开始就知道，这只是一份短期合同，而且离开时的待遇丰厚。通过与员工的有效沟通，总裁力挽狂澜，扭转了局势。”

“怎么会如此神奇？”

“因为他使人们认识到，这位主管的离开有着积极的一方面，人们意识到，这其实是一件值得庆祝的事情，因为这意味着曾经业绩糟糕的部门如今重新焕发了生机，而且在没有外部运营专家的帮助下，也可以有效运转。不要放任问题累积，向人们解释你决策背后的理由，向他们公开，这才是领导力的内涵所在，我的朋友。正如我之前提到的，你需要帮助员工弄清当前状况，而提供给他们充足的信息可以帮助你实现这一点。这样一来，问题不会扩大，误解不会恶化。现在，如果你不介意，我得走了，还有些事情要办。今天过得非常愉快，很高兴有你这样出色的学生。”

“你匆匆忙忙地要赶去哪儿？”我问道。

“去看星星。”他神秘地回答道。

“看什么？”

“当你准备好了之后，我自然会告诉你，现在我得赶紧走了。”

朱利安和星星，这是怎么回事？那天在高尔夫俱乐部，我记得他仰望星空，嘴里还念念有词。现在，他又急急忙忙地要赶去看星星。坦白地说，这件事听起来有点诡异，尤其是发生在朱利安身上。毕竟，在他穿上那身僧袍之前，他可是商业界的巨星。他以优异的成绩毕业于哈佛法学院，后来成为全美最好的律师之一。现在，他却穿着僧袍到处跑，还看什么星星。我真是永远也搞不懂朱利安在想什么，我想这是他的智慧使然吧。

“等等，朱利安，”我焦急地问，“你不再给我一个拼图了吗？我们下次什么时候见面？你不能就这么把我丢在这儿啊。我非常渴望掌握拉曼的全套领导力真理。这些真理已经在远见科技产生了显著的效果。”

“拿着这个。”他递给我一张球赛入场券，是一支本地职业篮球队的下一场主场比赛。

“我不明白，朱利安，要去看球赛吗?”

“我们比赛时见，那里有一些非常特别的东西我想给你看。到时我再请你吃个热狗。你今天三口两口就把我给你买的热狗吃掉了，差点儿没把我的手指一块儿吃掉!”他诙谐地说道。

说完，他转身走了。我也往公园另一端停车的地方走去。我为学到的这些智慧而感到非常激动，对未来充满希望，对朱利安满怀感激，感谢这位圣人回来与我分享他学到的智慧。

当我走近车子时，看到雨刮器下面似乎贴了个什么东西。

“哦，不会吧，千万别是违章停车的罚单，我这周已经收到三张了。”我心想。

但我很快看清那不是一张罚单，而是一个信封，信封上优美地印着“J. M. ”两个字母。这是朱利安以前用的私人印章。我从雨刮器上一把拿起信封，往里瞥了一眼，不知道里面藏了什么秘密，但我知道我肯定不会失望。

这是我一直希望得到的第三块拼图，与之前的两块一样，上面雕刻着一些字。我知道，这些字会给我一些提示，使我可以开始慢慢领会古老领导智慧的第三项仪式。上面的字很简单——团队：定期奖励，充分认可。

朱利安的智慧概览

仪式　○ 用脑管理，用心领导

本质　○ 关于人际关系的仪式

智慧　○ 每个高瞻远瞩的领导者都会与其下属建立深厚的关系。
　　　○ 人类最深刻的渴望之一是得到珍爱与理解。
　　　○ 让你的仁慈在工作中闪烁光芒，礼貌、友善地对待员工。

实践　○ 信守承诺
　　　○ 积极倾听
　　　○ 满怀同情
　　　○ 开诚布公

箴言

每一个真正具备远大目光的领导者，都能熟练地掌握与其追随者深入沟通的能力。他能够巧妙地阐述其伟大计划，使人们感到这一目标的实现也会使自己受益匪浅，从而积极主动地参与其中，激励他们采取行动。通过施展他们作为有效沟通者的技能与才华，这些领导者能够触动团队成员的内心，赢得长期的忠诚。简单地说，若能丰富人际关系，必能提高领导力。

第 07 章

拼图3 团队

定期奖励，充分认可

走到人们中间，
与他们一起生活，
向他们学习，
热爱他们。
从他们知道的开始做起，
从他们拥有的开始发展。
睿智的领导者任务完成时，
人们的工作也结束了，
他们会说，
“是我们自己完成的任务。”

古老的东方俗语

小时候，父亲总是对我说，人长两只耳朵却只长一张嘴是有原因的：说一分，听两分。终于，在我的事业中，我第一次用上了这句话。与朱利安在公园见面后发生了许多变化，可以说充满奇迹。我知道他传授给我的智慧已经过时间的考验，但在此之前我还是想象不到这会对我的员工会产生什么样的影响。

虽然我还没有完全掌握第二块拼图的精髓，但我一直在竭尽全力。我制定了一项开门纳谏的政策，并真的去执行。对于即使很小的承诺，我也尽量坚持做到。我不再随意打断别人说话，开始做一个积极的倾听者。现在，我尽量找机会给员工一些“细微的关怀”，有时请一个重要的经理吃午餐，有时对一个员工说几句真心鼓励的话，对他全力以赴的

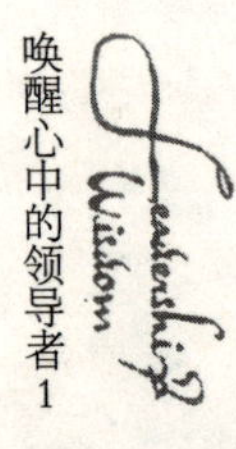

工作表示认可。我甚至开始培养诚实与坦率的品德，作为我领导风格的一个关键部分。我给员工发电子邮件，或者与他们交谈，将重要信息传达给需要的员工。这些做法在公司引起了显著的变化。

伟大的老师

终于，我盼到了与朱利安在体育馆见面的时间。当我走进大门时，一个引座员问我是否需要帮助。他看了一眼我的票之后，笑着说："欢迎来到城市体育馆，先生。请随我到您的座位，您的位置是整个体育馆最好的。"

坐下之后，我注意到我们这排几乎都满了，只剩下旁边的一个座位空着。这肯定是朱利安的座位，但是他人在哪儿呢？比赛5分钟后就要开始了，还不见朱利安的人影。我开始担心，因为迟到从来不是他的风格，他严格实践传授给我的信条。我知道他从来不会让我久等，尤其是在之前的两次见面中，他已经使我对他学到的领导力智慧产生了浓厚的兴趣。

过了一会儿，就在比赛开始前两分钟，我看到对面有一个奇怪的身影：一个人一手拿着一个小望远镜，一手抓着两个热狗，以飞快的速度穿过人群，热狗上的芥末酱都滴到了他的红袍子上。当他发现我时，大声喊叫起来，吸引了周围所有人的注意："嘿，彼得，看好那个座位！我们和尚可很少有机会看这么精彩的比赛！"朱利安来了。

他坐下后，把手里的望远镜小心地放到座位底下，然后递给我那两个热狗："这是给你买的，我知道你喜欢吃热狗，卖热狗的帅哥说这是他做的最好的热狗。很抱歉来晚了，我刚才在专心看星星，忘记时间了。看星星是我的一个爱好，你知道。"

"看得出来。可是星星有什么好看的？"

“时机成熟时，我自然会告诉你。现在我建议你赶紧把热狗吃了，凉了就不好吃了。你觉得我们的球队今晚有希望赢吗?”他巧妙地转移了话题。

“希望会赢，”我回答道，“他们正处在有史以来最好的状态中，今晚的比赛应该不会很难打。”

球赛进行中，朱利安靠过来轻声问我：“你是否在好奇，我为什么约你今晚在这个地方见面?”

“是有点儿奇怪。”我故意轻描淡写地说。

“看了今天的比赛，你会学到很多领导力的知识。看到那边的主教练了吗?”他用手指着一个头顶有点儿秃的高个子，那人穿着一身笔挺的深蓝色条纹西服，这曾是朱利安最喜欢的打扮。

“看到了。”

“他就是领导力智慧的化身，我希望你能从中好好学习一番。看，彼得，虽然他是球队的领导者，但他并不强制规定球员的每一个动作。相反，他训练、指导并鼓励球员，让他们尽情发挥。伟大的领导者往往也是伟大的老师。这就是你首先要学习的地方，也就是把自己看做一个教练，鼓励你的团队去为远大的未来奋斗，使他们团结在你那振奋人心的事业周围。我敢打赌，你肯定不知道‘训练’这个词的来源，它最初的意思是指使人从当前水平提升到想要达到的水平。”

“不，我还真不知道。”

“除此之外，一个好的教练还要让球队充满斗志，不断地朝着目标奋进。好的教练会让队员精力充沛、乐于迎接挑战、不断进步而且训练有素，他能够让队员发挥出最高的竞技水平。他要求队员进入巅峰状态，并通过训练实现这一目标。眼下，许多组织身陷士气低落、纪律涣散的困境，面对这种情况，领导者必须成为经验丰富的教练，以确保队伍取得成功。”

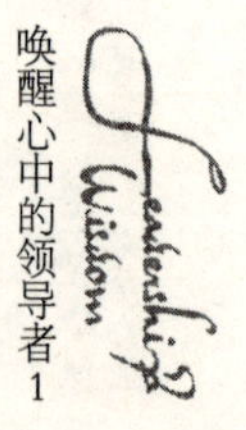

“那么，我如何才能成为一个伟大的教练，激励我的团队呢?”

“我还以为你永远不会问这个问题呢!”朱利安说。就在这时，主队的一个控球后卫投中了一个漂亮的三分球。朱利安一下子蹦了起来，声嘶力竭地喊道:“加油！再来几个这样的三分球，咱们就赢定了!”

自从朱利安从喜马拉雅山回来之后，我从来没见他如此激动过。我们之前的几次见面他一直表现得平和宁静，现在，受到篮球赛场的激情感染，他站在那里不断地拍手、欢呼，就像一个第一次看马戏的孩子一样。真高兴看到他如此开心，他已经经历了太多的痛苦和波折，比我认识的任何人都多。

“抱歉，有点儿失态了，彼得。只是自从认识了锡瓦纳的那些圣人之后我终于明白，生命中的每一天都是上天的恩赐，都是独一无二且充满幸福的。我曾经工作起来不要命，生活节奏严重失调，当时过于追求外在的光环，却忽视了生活中简单的快乐。当然，我确实赚了很多钱，得到了男人梦寐以求的美女，但我并不幸福，我没有成就感。”

“现在，尽管我拥有的物质财富不多，但我每天都能发现快乐，我在平常的日子中发现不平常的幸福。这就是我今晚这么高兴的原因，谁知道我是否还能有机会再看到一场如此精彩的比赛呢。”

朱利安这番话让我惊奇不已。他的生活态度如此积极乐观，可听他谈论自己的命运以及人生的无常，感觉这不太像重获新生后的朱利安·曼特尔。我把这点疑惑告诉了他。

“哦，别担心，彼得，我还打算长命百岁呢。在这个世界上，我还有许多任务没有完成。我生命的大好年华还在后头呢，我的朋友，相信我。我刚才那些话的意思是，时间就像流沙，悄无声息地从我们指缝间溜走，一去不返，因此在生命的旅途中要有勇气拥抱并享受生活。”

“你这番话真是让我受益匪浅。在你的领导智慧开始改变我们公司之前，我被压得喘不过气来，每天晚上只能睡两三个小时。妻子萨曼莎对此忧心忡忡，孩子们也抱怨我总是脾气暴躁，这使我的情况进一步恶化。我感觉自己终生奋斗的目标都消失了，我对此唯一的办法是更拼命地工作。但现在，我知道了如何才能使远见科技重获骄人的业绩，如何才能拥有健康的身体。我从现在开始更聪明地工作，并开始享受领导这一过程。”

“很好，现在回到你刚才的问题上。成为一个伟大的教练，培养出斗志昂扬的队员，秘诀在于拥有奋发向上、忠心耿耿的队员，他们会竭尽全力，帮助你实现你的目标，而且用两句话就可以概括。想知道是哪两句话吗？”

“不，我想再来个热狗。”我略带嘲讽地说道，“有哪个领导者不想知道啊！”

“好吧。秘诀就是：定期奖励，充分认可。”

定期奖励，充分认可

“这就是第三块拼图啊。”我拿出这块拼图，像前两块一样，上面也有一个图案。

“是的，我的朋友。这是关于团队建设的仪式。每个有远见的领导者都养成了奖励、认可雇员的日常习惯，因为他们认识到，受到赏识的员工能创造更好的业绩。”

“我敢说，你今晚选择这个地方见面，就是为了向我说明这一点吧？现在我全明白了。”

“你领悟得很快，彼得，我一直很欣赏你这一点。以前，作为高尔夫球友，你总在比赛中领先我一杆。我想那个主教练显然具备了奖励与认可的双重领导力素质，这就是他的球队如此成功的秘诀。”

“从哪儿入手呢？我得承认，在此之前我丝毫没有意识到奖励与认

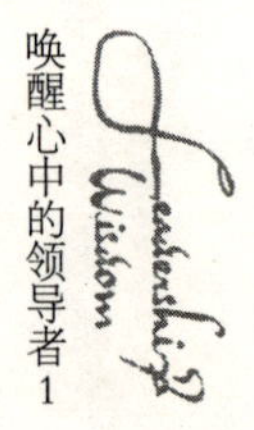

可雇员是如此重要。我总是忙着做其他事情，从来没认真考虑过奖励别人。但是，在我自己还是个雇员时，当我出色地完成一项任务后，如果我的经理注意到了这一点，我会在下次做得更好。遗憾的是，在我们公司，除非雇员做错了事情，否则他们很少听到来自管理层的声音。也可以说，雇员总是靠自己的主动性做事。”

“大多数公司的情况都是这样，彼得。这种领导方式总是假设为组织工作的员工都是成年人，他们不需要时常获得奖励。经理们认为，他们的任务仅限于发现并纠正错误行为。满意的客户会寄来很多积极的评价和反馈，但经理们从不把这些反馈告诉员工。相反，一旦有人投诉，他们就会把员工叫进办公室，开始反复责问。这是一种非常不明智的做法，因为这会使员工产生消极的应对心理，即不求有功，但求无过。很显然，这样的公司永远不会跨入世界一流企业的行列。如果我告诉你，我们国家许多人每天晚上上床睡觉时都处于饥饿状态，你会大吃一惊吗?”

“不可能，我们都生活在一个富裕的国家。”

“这是真的，大多数人睡觉时都处于渴求认可和赏识的饥饿状态。”

“那么，我该怎么做才能扭转局面呢？我开始意识到，公司的员工已经对我专断的领导风格戒心重重。我决心挖掘他们的优点，让他们充分发挥潜力。但是，我该从哪里着手呢?”

“要想让你的雇员干劲儿十足，起点很简单：发现好行为。”

“什么意思?”

“是这样的，你自己说过，你和你的经理们总是着眼于寻找并纠正不好的行为。你们的员工能感到自己工作没出错的唯一标志，就是没有被炒鱿鱼。但是，这是远远不够的，他们应该得到更好的待遇。你们需要转变思维方式，开始寻找那些没有做错事的人。有些员工一直在按照你们希望的方式工作，要积极地发现这样的员工，就像猎手搜寻猎物一样。当你发现目标后，不要吝于给予他们奖励与认可。记住，通过这种奖励，你会收获更多。”

“我们需要立即奖励好行为吗?”

“问得好，彼得。不一定要立即进行，但可以肯定的是：你的奖励越及时，这种好行为就越有可能重现。所以，不断奖励你想看到的那些好行为。当员工适应了这种方式之后，他们就会形成一种意识，领悟到你对他们的期望。他们也会很快品尝到成功的滋味。”

“但是，大多数员工不是已经知道他们的职责所在了吗？他们不是已经知道成功的滋味了吗？我一直以为，多数员工只是太懒惰，不想去追求成功。根据我的经验来看，他们只是想草草完成工作，争取尽早下班回家。”

“你这种想法大错特错。”朱利安果断地回答，“拉曼总是对我说，几乎每个人都想做正确的事。我们每个人都想以积极的方式作出贡献，并希望体现出自己的价值。我们都拥有梦想、希望和激情，渴望有一天梦想成真。然而现实是，大多数人的雄心壮志被领导他们的人扼杀了。领导者不断唠叨该如何穿着打扮，几点吃午餐，以及如何工作等等。现实中，大多数雇员深受微观管理的影响，有时这种影响甚至到了过分的程度，以至于使他们觉得，如果他们学会独立思考或创新，将对他们的事业有害无益。

“你若想释放下属的能力和才华，需要做的是及时奖励你还想再看到的好行为。让每个雇员都认识到正确行事的重要性，以引导他们的行为。你可能觉得难以置信，但大多数员工并不能清楚地认识到最佳状态是什么样子，这会进一步增加他们的压力。他们的领导者从来不给他们提供可以仿效的榜样，反而大肆指责做错事情的员工，这使形势进一步恶化。

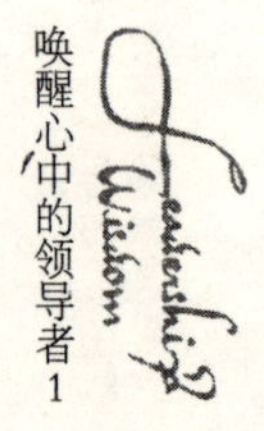

“我见过众多公司的领导者对雇员的期望与雇员的岗位职责存在着差异，甚至毫不相关。然而，高瞻远瞩的领导者会精确地定义他们想从员工身上看到的结果，只要能够实现这些结果，就会让他们自由发挥。正如我之前告诉你的，没有什么比清晰的目标更能使人奋发向上、集中精力。一旦人们知道了他们的方向以及领导者对自己的期望，他们将全力以赴去完成自己的职责。”

“但是，万一他们失败了怎么办，这时肯定需要惩罚他们吧?”

“这使我想起另一个重要的道理。在业绩一般的公司里，人们太害怕失败，以至于从来不敢冒险。但是如果永远不敢冒险，他们将永远不会有新突破。而如果没有新突破，他们的余生将只能在一小片安全区中度过，日复一日地以相同的方式与相同的人做着相同的事情。雪上加霜的是，管理层还总是责备他们缺乏创造力与创新精神。听着，彼得，别误会，你知道我是个实用主义者。我不是说，领导者和经理不该纠正坏行为，但是不要只见树木，不见森林。另外，领导者还要认识到，失败是成功之母。如果你的员工尝试新事物，但失败了，他会从中了解如何成功。失败也是另一种形式的经验，最终会引导我们走向成功。高瞻远瞩的领导者会营造无风险的工作环境，他们允许下属失败。通过这种做法，他们最终会大获成功。”

“哇，我还从来没有以这样的方式看待过失败。”

“我之前和你说过的那家西南航空公司发生过一件事情，你听了这件事之后可能会大吃一惊。这家公司一名年轻的经理想出一个新点子，但最终他失败了，然而，这个年轻人却获得了晋升！这是因为公司管理人员都明白，大胆冒险是获得巨大成功的前提，冒险必定有可能失败，这就是做生意的代价。他们认真总结教训，然后再接再厉。公司没有解雇这名经理，这向公司员工传递了一个强烈的信号，即公司重视并且赏识创新精神与企业家精神。”

“真让人难以置信。”

“更不可思议的还在后边呢。当收到客户的表扬信之后，猜猜西南航空是如何奖励雇员的?”

“愿闻其详。”

“公司立即将表扬信送到员工的手里，并且附有总裁的亲笔信——‘感谢您出色的工作，向您致敬！希望更上一层楼，爱你。’”

“太棒了。但是，我对信上写‘爱你’这样的话感到不能接受。”

“在西南航空，总裁会抓住一切机会，告诉员工他爱他们。这里的‘爱’不是指温柔的、情感的层面，而是一种赏识的表达。不过，为了鼓舞和激励你的员工，你不一定非得告诉他们你爱他们，只需做到赏罚分明即可。引用拉曼非常喜爱的一句中国西藏的谚语：‘如果能克制片刻的愤怒，将会避免100年的懊悔。’”

“我想，奖励积极行为和优异业绩的最好方法是金钱，对吧?”

赞扬是免费的

朱利安的回答被中场休息的哨声打断了。我们的球队占据了优势，球迷在热烈地欢呼。由于朱利安买的是场边位置的票，所以当球员离场时，我们能清楚地听到主教练对球员说的话：“打得好，伙计们！比赛完全按照我们训练时设计的思路进行，继续加油，胜利在望了。我知道你们过去两周都奔波在路上，肯定非常疲劳，但让我们保持斗志，给球迷奉献一场精彩的比赛吧。”

当球员走向休息室时，教练补充说：“嘿，伙计们！我为你们感到骄傲!”

“这回答了你的问题了吧，彼得?”朱利安问道。

“什么?”

“那个教练激励球队了吗?”

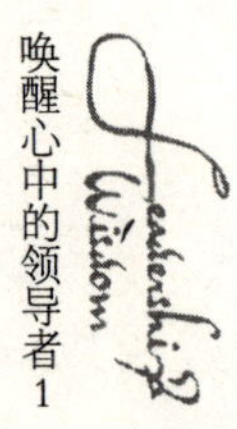

“当然。”

“那他有没有掏出一把钞票，给每个球员发几张？”

“没有。”我笑着回答说。

“那么，他是怎么激励球员的呢？”

“他赞扬他们，而且是发自内心的赞扬。我确实感到这个教练关心他的球员，并为他们的出色表现感到骄傲。”

“一点儿没错。你瞧，赞扬是免费的。真诚的赞扬有着巨大的能量，会使你的整个组织发生革命性的变化，而且不用多花一分钱。太多的领导者认为，用金钱激励是鼓舞士气的唯一手段，而由于资金有限，他们很少这样做。然而，实际上金钱并不是最有效的激励措施。有研究表明，与其他任何类型的奖励相比，人们更喜欢简单的赞扬。

“一项对1 500名雇员进行的具有划时代意义的研究表明，个性化的、及时的赞扬，是鼓舞员工士气最有效的方法。然而，只有42%的员工收到过这样的反馈，而58%的雇员说，即使工作出色，他们也很少甚至没有收到过一张感谢便条，而正是这种形式的认可最能激励他们奋发向上。”

“他们最渴望的就是一张简单的感谢便条？”

“也许你的员工会要求更多。作为领导者，你需要抽时间发现他们的需要。告诉你一个重要的经验：不要以你喜欢的方式奖励他们，相反，你要找到最能激励他们的因素。想一想你和你的经理们怎么做，才能使你们的员工感觉自己像个英雄。你可以开始问自己‘哇式问题’，这个办法屡试不爽。”

“什么是‘哇式问题’？”

“‘哇式问题’是每个领导者的好朋友。它仅仅要求你问自己这个问题：在奖励和认可雇员出色的工作表现时，怎么做才能使他们在得到奖励或认可时说‘哇’？记住那条永恒的真理，彼得，你对待雇员的方式决定了他们对待客户的方式。如果你有能力让他们感到自己非常特殊，经常让他们‘哇’地欢呼一下，他们会以同样的方式对待你的客户。正如我之前所说的，给予是收获的开始。”

“必须以不同的方式奖励不同的人，”朱利安补充说，“送礼物要因人而异。如果一个销售员讨厌飞机旅行，或者经常离家出差，奖励他一个百慕大旅游的机会就不是一个好主意。如果一个员工收入丰厚，但经常每天工作 18 个小时，给他放几天假要比给一笔奖金更有效。当我还在经营律师事务所的时候，律师小组中有一个年轻小伙子，他出色地完成工作之后，唯一想要的是在众人面前获得表扬和赞赏。正如拉曼所说的：‘破解你属下员工的密码，找到最能打动他们的那一点。’有的人可能喜欢奖杯，而有的人可能喜欢滑雪一日游。这就是我说的‘因人而异’。

“我至今依然清楚地记得，当时在拉曼的指点下，我一直在非常努力地学习。有一天，他来到我的小木屋，对我说：‘你真是一个好学生，可能是我们至今最好的学生。你一直尊重我们的习俗，非常真诚地学习领导力与生活的哲学。我们每个人都由衷地喜欢你，将你视作我们中的一员。虽然我们拥有的财产很少，但我还是想给你一个小礼物，作为对你的奖励。我想给你一件有意义的礼物，所以不想由我来为你挑选，我想最好来问问你什么东西最使你开心。’

“你知道吗，彼得，这是有史以来第一次有人专门来问我想要什么奖励。结果，我成为一个开心的学生，更加用功地学习，而这些只是为了不辜负给予我厚望的老师。”

“那你要了什么奖励？”

“我知道你会问，其实只是很简单的要求。圣人所在的那个小村庄中央有个庙宇，庙里有一块木匾。我空闲的时候经常坐在庙里，静静地

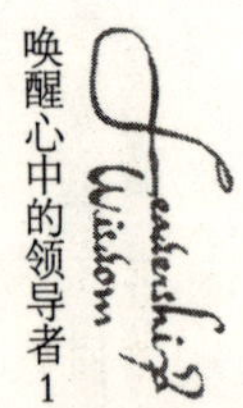

领悟拉曼刻在木匾上的话。这些话对我有着重大的意义，所以，我提出的愿望就是想请拉曼给我一块类似的木匾。他欣然接受，第二天就满足了我的愿望。”

“木匾上刻着什么？”我非常好奇地问道。

“上面是印度哲学家帕坦伽利的睿语。我已经牢记在心，可以给你背出来：当你深受某个伟大目标或者非凡计划鼓舞时，你的全部思绪会打破一切界限。你的思维会天马行空，你的意识会海阔天空，你会发现自己进入了一个全新的、伟大的、奇妙的世界。曾经沉睡的力量、能力和才华苏醒了，你发现自己成为了一个伟人，超越了自己曾经所有的梦想。”

比赛在中场休息后重新开始了。朱利安没有理会，继续说：“拉曼给了我最想要的奖励，他知道这是我喜欢的。”

“而非他自己喜欢的奖励方式。”

“是的。这就是你带领公司跨入世界一流企业行列的有效方式。”

“好的，很显然我必须在远见科技公司内‘发现好行为’。眼睛不能再一味地盯着做错事的人，总想着纠正错误，我必须更积极地寻找做对事情的人。然后，当我确实发现工作出色的员工时，我应该以最适合他们的方式认可并奖励他们的努力。我还应该学会简单的赞扬，如你所说，与其他奖励相比，大多数人更喜欢口头赞扬。我想，我应该把‘赞扬是免费的’作为我的座右铭。我敢打赌，那些僧侣也喜欢这句座右铭。介意我再问一个问题吗？”

“当然。这不正是我来这里的目的吗，朋友！”朱利安热心地回答说，一边抚平了天鹅绒长袍的褶皱。

赞扬的艺术

“我的员工需要做大量工作才能实现优异业绩，可是你说需要立即奖励及认可他们。那么我要等到他们提高技能，成为好行为的榜样时再奖励吗?”

“这个问题问得好。看来你确实花心思仔细琢磨了我与你分享的领导智慧，我欣赏你这一点。如果你一直等到完美业绩出现的时候再进行奖励，你将会等很长时间，甚至有可能永远等下去。”

“那我该怎么做呢?”

“秘诀在于赞扬过程，奖励结果。寻找好的行为，而不是完美的行为，让人们为一点一滴的进步而激动。”

“这有点儿像这支球队，”我指着主队的球员说。他们刚刚再次快速突破到对方篮下，投进一个两分球，“记得不久前他们刚组队时，我来看过一次比赛。天哪，他们当时的球技真可怜。”

“可就是这些球员，有些已经成长为超级巨星。教练赞扬他们的进步，他找到了奖励他们的理由。瞧瞧这些小伙子们，面貌焕然一新，真是不可思议。”朱利安再次蹦了起来。他握紧拳头，在空中用力挥舞，大声呼喊着为那些球员加油——他们的名字他居然都知道。我从来都不知道朱利安竟然对篮球如此着迷，他此刻的激情很有感染力。

“朱利安，我还有更多的问题想问你。”

“尽管问。”他坐回座位。那些没有机会坐到球场边缘的观众直盯着他看。

“当需要赞扬别人时，我实在不知道该说些什么。我是说，我之前从来没有这样做过。当然，我可以说一些简单的话，例如‘做得好’或者‘继续努力’。你知道还有其他更有效的赞扬方式吗?”

“赞扬也是一项技能，需要学习和实践，每个领导者都需要掌握这项技能。我先告诉你一些基本的原则：赞扬必须有针对性，必须及时，必须在公共场合进行，而且必须发自内心。此外，要使你赞扬的语言个性化，例如当你积极评价某个员工时，可以使用他的名字，而不是姓。

对于世界上每个人来说，最动听的声音就是别人叫他的名字。许多经理在赞扬员工时会犯一些错误，你不要重蹈他们的覆辙。”

“什么错误?”

“他们有时赞扬过度。尽管赞扬非常重要，但太多的赞扬会使其贬值，就像发行太多钞票会导致货币贬值一样。”

“还有其他方法激励我的团队吗?”

“当然有。我告诉你一些最好、最有效的方法。例如，在雇员的门上贴一张个人感谢便条，或者为他支付一个月的停车费，也可以为他订购一年最喜欢的杂志等等。这些方法虽然简单，但事实证明是奖励出色业绩的好方法。让雇员替他的经理参加会议，送生日贺卡，与雇员分享面包，这些也有助于显示你对他们的关心，使他们充满动力。我最近读到一篇文章，讲一个经理采用了成本低但效果好的激励策略。她积攒了一大柜子关于个人发展的励志书籍、录音带和录像带，称这些收藏为‘宝藏’。她经常领着员工来到这个宝物箱前面，在大家的注视下，鼓励他们选择自己喜欢的作品。我非常欣赏这一做法，因为这不仅可以奖励好行为，而且还能使员工接触这些有益的作品，促进他们不断成长。

“记住，彼得，优秀的领导者是梦想的释放者，而非限制者。他们知道，他们的职责就是帮助别人释放出最大的潜能，帮助人们在职业生涯与个人生活中培养主人翁意识。他们不断让雇员接触一些新思想与新信息，这些有助于雇员发挥才华，变得像思想家一样独立。正如中国古语所说：‘授人以鱼，不如授之以渔，授人以鱼只救一时之急，授人以渔则可解一生之需。’就像那晚我在高尔夫俱乐部告诉你的，领导力的精华就在于充分发掘人们的特长。仔细想一想，你的远见科技公司，无非是储存在某个律师电脑中的一个印章和几张纸而已。公司的真正价值在于你所领导的人，以及他们帮助你实现未来伟大目标的潜能。”

“非常有道理！现在我仔细想来，我们的竞争者也有一些非常好的策略来激励他们的员工。”

“真的吗？”

“我想，我之前只是没有意识到奖励与赏识的力量，所以对此没有太在意。”

“当伯乐准备好时，千里马自会出现。”朱利安笑着说道，这时，比赛已接近尾声。

“一家与远见科技竞争的公司，经常开展一些有趣的活动来激励团队。他们的销售团队在开会之前，总是先‘祝贺英雄’，他们逐一赞赏那些完成目标或者在客户关怀方面做得出色的销售员。还有一家公司将一间办公室的墙装饰为‘胜利墙’，墙上挂满了励志名言、表扬信和战略目标等，供所有经过的人观看。我还听说施乐公司一名高级经理的故事，他在每次参加会议的时候，都会戴着一顶滑雪帽，上面绣着一家五星级滑雪胜地的名字。这顶‘胜利的符号’起到一种醒目的提示作用，告诉销售团队，如果能够完成销售目标，将可以去那里度假。

“这些都是一些绝好的点子，我想你应该认真考虑，应用到你的组织当中。此外，永远不要忘记文化传统的重要性。”

团队文化传统

“和我谈谈文化传统的问题吧。”我请求道。

“在喜马拉雅山，那些圣人们形成了一系列的文化传统，来将他们团结在一起。尽管整天忙于阅读或授课，每天傍晚他们还是会聚到一起，围坐在一张长木桌旁，分享一顿简单但可口的晚餐。看着这些衣着整洁的僧侣一边进餐，一边谈笑风生，甚至放声歌唱，真的是一种难得的享受。所以，吸取其他公司的经验，强化组织内员工的集体意识吧。这些篮球运动员在每周五晚上都举办比萨聚会，他们还有半年一次的家

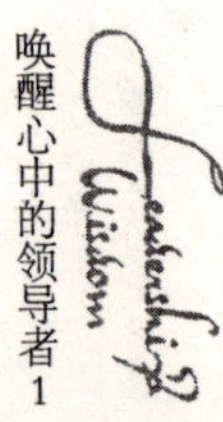

庭野餐。这些活动可以把人们更紧密地团结在一起，鼓励团队成员彼此关心，建立起更丰富的人际关系，而且有助于人们认识到自己就是这个共同命运体的一分子。”

“所以，这些传统应该成为我们公司文化的一部分？”

“绝对应该。让员工们互相了解，就要经常组织一些有趣而且有意义的活动，例如家庭野餐，或者两周一次的潜艇三明治午餐会。把庞大总部里的陈规陋习统统抛到九霄云外，让人们再次畅谈欢笑。我知道的一家公司甚至举办狂欢日，这家公司不仅让员工玩得痛快，生产率也得到迅速提高。正如一名智慧的领导者所说：‘大脑就像心灵，向往它们被赏识的地方。’”

“给我解释一下这个狂欢日传统吧。”

“在这家公司，每个季度会规定一天作为狂欢日。这一天不仅让人们彻底放松，缓解压力，还可以振奋士气。例如，某一个季度，他们指定一天为‘今天你不是老板日’。在这一天，CEO必须自己泡咖啡、接电话、在库房工作，而他的一些雇员可以暂时不工作，尽情玩乐。这个简单的做法打破了管理层与非管理层之间许多人为的隔阂，增强了团队精神。在另一个季度，狂欢日成了‘公司马戏日’。公司聘请小丑、魔术师和滑稽大师在各个办公室表演，深受所有员工的喜爱，甚至那些经过大堂的人也被邀请参加这个盛会。这为这个以人为本、具有创新思维的公司赢得了良好的口碑。其中最成功的狂欢日是‘回到未来日’。”

“有点儿意思。”

“所有的雇员聚在一起，庆祝他们过去一段时间里取得的成绩。这一天，公司专门租借一个会议中心，墙上贴上一些人的成功故事。然后，他们一起关注未来的目标，集思广益，探索实现目标的最好方法。

“我举这些例子要说明的是，有远见的领导者明白，如果雇员感受到自己所在的团队前途光明，而且自己又很受重视，他们一定会竭尽全力。如果你定期奖励，充分赏识，你的员工将为组织殚精竭虑、奉献才华。而且他们会把自己视作这个集体的一分子、远见科技团队的重要成员。这时，你的公司将无所畏惧。也许拉曼概括得最贴切，‘蛛网齐，绑雄狮’。”

当人们从体育馆慢慢散去时，一种异常的寂静弥漫在空气中。我们赢得了比赛，人们显然非常高兴。但是，一件更奇异的事情引起了每个人的注意。在高空中，一颗明亮的星星一闪一闪，带着一圈近乎魔幻的光晕，照亮了整个天空。虽然已是晚上 11 点，但仿佛有一层破晓的晨光等待着冲破黑暗的帷幕，包围着夜空。

我从来没有见过如此奇幻的景象。一群人静静地站在那里，一声不响地凝视着天空。

“真不敢相信眼前的景象，朱利安。”我一边说，眼睛一边紧盯着那颗明亮的星星，它似乎成为所有人关注的焦点。

“我早有预见。”他会意地笑了笑。

“你那天晚上谈到过什么星星，今晚又拿着望远镜，都是与眼前这颗星星有关吗?”我急切地问道。

“当然有关。而且不久之后，我就能完全解释眼前的一切。当我还在喜马拉雅山时，那些圣人就已经预测到这一天文奇观。即使是我，也对他们预言的准确性惊叹不已。”

几分钟之后，黑夜重现，那颗耀眼的星星静静地隐没在夜色之中。

“真让人惊叹!”

“自然规律是宇宙中最强大的规律，”他回答说，“它们指引你发现真理。领导者的工作和生活质量，取决于我们对这些规律了解、掌握的程度。高瞻远瞩的领导者能够完全掌握这些规律，而且努力按照规律

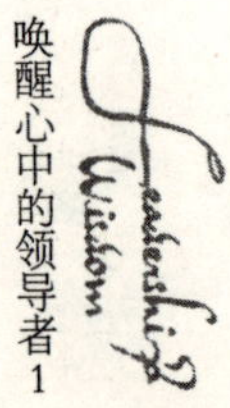

办事。”

“什么意思？”

“智慧让这些领导者明白‘一分耕耘，一分收获’，企业的成长也遵循着与四季变换相同的循环规律。他们也懂得，商界如同自然界一样，逆境中总是存在着机遇，就像再黑暗的夜也会迎来曙光一样。”

“自然规律也能适用于商业世界，之前真是没有想到。”

“当然可以，而且如果领导者能够认识到这一永恒的规律，他们会比竞争对手占据更大的优势。这就是我们下次见面地点安排在更接近自然的环境中的原因。”

“具体是哪里？”

“下周日，熊湖后面的树林里，怎么样？”

“你是说所有猎手都喜欢去的那个地方？”

“是的。先到森林的入口处，从那里开始，你会看到一系列的标记，它们会指引你到达目的地。在那儿，我将继续与你分享圣人们的领导智慧。我保证，这次你肯定不会失望。”

“几点？”

“黎明。这是一天之中最特殊的时刻。”

“你在开玩笑吧？”

“我绝对是认真的，黎明是一天中最好的时刻。我想，在黎明时分，你可以体验到不同寻常的宁静之感。现在，我该告辞了。”

“你总是匆匆离去。朱利安，你急着做什么去啊？”

“我得去找那颗星星。”他说完便消失在人群中了。

在回家的路上，我开始仔细琢磨这个美妙的夜晚带给我的丰富知识。我思考“定期奖励，充分认可”的重要意义，以及“赞扬是免费的”这一道理，还有人们每晚在饥饿状态下入睡，只是渴望一点儿真诚的赏识与尊敬。我突然想起，远见科技的所有男女员工每天都按时上班，大多数都任劳任怨，但他们从来没有得到过一句感谢的话。还有许多经理、编程师和送货员，我甚至从来没有对他们说过一句“早上好”。这些人都不是我们公司陷入泥潭的根源——我才是。正如朱利安所说，先有伟大的领导力，才有伟大的服从力。而我，还远不是值得他们尊敬的伟大领导者。

随后，我想到了许多创造性的方法，利用这些方法，我和公司的经理们可以鼓舞员工的士气，使他们集中精力应对挑战、迎接成功。将这些方法应用于实践之后，会产生许多种可能的积极效果，只是想一想都让我兴奋异常。我们可以在总部设置许多宝物箱，里面装满励志书籍和录音带，用以及时奖励好行为。我们可以偶尔举办潜艇三明治聚会，或者形成其他传统，以便使员工能尽释前嫌，建立更和谐友爱的同事关系。还可以设立“今天你不是老板日”，利用这个好机会，我可以大声宣布，我已不再是以前的老样子了。我的脑子里充满了各种新想法。

我决定从今年开始，举办每年一度的两日游，我和管理团队去度假，任命普通员工负责在此期间的工作。为什么不交给由顶级员工组成的委员会呢？如果员工能想出增加利润的主意，为什么不奖励他一定比例的利润，或者至少给他放几天假？再或者，我可以邀请每个部门的十佳雇员与我或其他高级管理人员共赴盛宴。而且在随后的几个月，我肯定会发送出几百份感谢便条。小小的赞扬可以起到巨大的作用，我已经意识到了这一点。

走到我那豪华公寓的大堂门口，我伸手去外套的兜里掏钥匙，却摸到一个奇怪的东西。走进大堂一看，我不禁微笑起来——手心里躺着又一个拼图玩具。朱利安肯定是趁我专心看比赛的时候放在我口袋里的。

这一次，拼图上的刻字非常简单——变革：放任变革。

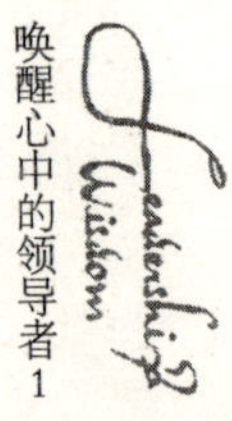

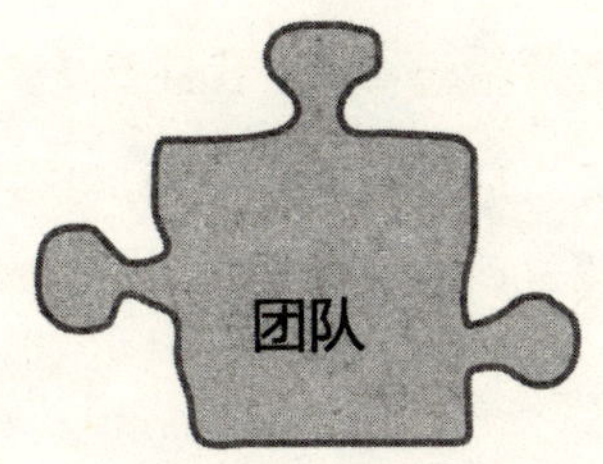

朱利安的智慧概览

仪式
○ 定期奖励，充分认可

本质
○ 关于团队建设的仪式

智慧
○ 伟大的领导者都是伟大的老师。
○ 定期奖励并认可员工，真诚地赏识他们，这种奖励肯定会为你带来更多收获。
○ 赞扬是免费的。

实践
○ 发现好行为
○ “宝物箱”与“胜利墙”
○ 团队文化传统

箴言

聪明的领导者明白，如果雇员感受到自己所在的团队前途光明，而且自己在其中又很受重视，他们一定会竭尽全力，为组织作出更大的贡献。如果你定期奖励，充分赏识，你的员工将为组织殚精竭虑，奉献才华，而且他们会把自己视作集体的一分子。这时，你的公司将锐不可当。

第08章

拼图4 变革

顺应变革

仰望星空，观察繁星的运行轨迹，想象你与星星一起飞行，记下它们之间位置的变换……这种想象可以冲走世俗生活中的烦恼。

马可·奥勒留

难以置信，我竟然会答应朱利安在这么早的时间跟他见面。不出所料，当我来到森林入口处时，四周空无一人。我抱着一暖瓶咖啡和一大包酥油点心，希望朱利安会乐于与我分享。我走进树林深处，四周静谧无声，清晨的第一缕阳光穿过浓密的树叶，指引我步入这片绿洲的深处。

一路上，松柏的清香沁人心脾，使我想起童年时许多温暖的场景。那时，我经常和父亲去森林探险。有时候，我们带上老旧的独木舟，漂荡在波光粼粼的湖面上，那是我一生中最快乐的时光。我不知道自己现在为什么疏远了自然，但此时此刻，我决心重新走近自然。我知道，接触自然及蕴含其内的平静，会使我成为一个更好的领导者和更深邃的思

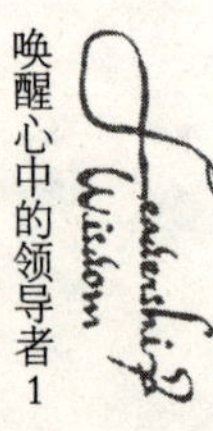

考者。正如英国诗人威廉·华兹华斯所说，“我们长久以来困扰于熙熙攘攘的世界，厌倦了其中的蝇营狗苟与声色犬马。若想恢复更美好的自我，一种优雅、仁慈的方法便是孤独。”多么美妙的语言！

这时，我注意到在一棵参天的松树树干上，用木钉钉着一张地图。朱利安之前说过，他会给我留下标记，指引我前往目的地，这肯定就是其中的一个标记。我研究了一下上面指示的路线，然后继续我的丛林冒险。按照指示，我应该向北走不到一公里，然后会发现一条小溪，跨过小溪，继续走一两公里，我就会找到指示中所谓的“终点休息处”。我不知道这意味着什么，也不想费心去想。

我继续往前走，走了20分钟之后，感觉劳累不堪、气喘吁吁。汗珠从我的前额滴下，落在森林松软的地上。我的心脏剧烈地跳动，几乎不受控制。但如果说我一直都具有某种品质的话，那就是斗志。不管遇到什么艰难险阻，我从不放弃。父亲以前经常教育我，在人的性格方面，一旦培养起四种要素，将注定成功。自制、专心、耐心、毅力，我一直将这几个词牢记在心，所以咬牙继续坚持往前走。

清晨历险

突然，我听到远处传来一阵声响。起初非常微弱，但逐渐清晰起来，听动静就像一头野兽正在穿过树丛。也许那是一只浣熊或者一只狐狸，也可能是一头小鹿。但令我大吃一惊的是，我看到那是一个人影，飞快地穿梭在树林之间，手里抓着一根长长的木棒。我看不清那是个男人还是女人，更不打算喊住那人问问，而是径直朝着相反的方向拔腿就跑，本能地为自己的安全担忧。毕竟，荒郊野外，无处求援，而且那根尖锐的大木棒看上去也不像是来欢迎我的。

我吃力地奔跑在树林中，心如擂鼓，汗如雨下。我扔掉了盛满咖啡的暖瓶和装着新鲜点心的盒子，只知道没命地跑。半个多小时后，我意识到那个人已经无影无踪了，我松了一口气，一下子瘫在花木围绕的草地上。透过枝叶，我看到蓝蓝的天空，这是一个万里无云的夏日，一切都那么完美。遗憾的是，我已经累得一动不能动了。

我的思绪回到了朱利安身上，那个手持木棒的人肯定不是他，他怎么会吓唬我呢？如果那是朱利安，至少他应该出于礼貌跟我打一声招呼才对。我越想越气，此刻身处密林之中，随时可能碰到危险的熊、美洲狮或者狼，而朱利安这家伙不知躲在什么地方。他说过会给我留下标记，指引我走到他所在的地方，但是我再也没看到任何标记。更糟糕的是，我不知道怎么才能回到停车的地方。事实上，我完全迷路了。

“好吧，我得振作精神，”我心中暗想，“我是一家市值20亿美元公司的CEO，我有一个贤惠美貌的妻子，还有两个讨人喜爱的乖孩子，他们需要我，我必须找到回去的路。”

当我站起身时，听到一阵声响，给了我一直在苦苦寻找的希望——一条小溪正沿着森林中植被不太茂密的地方流淌。我马上意识到，这肯定是朱利安在地图上给我指出的那条小溪，沿溪走一公里多，我将找到目的地。但是，我应该朝哪个方向走呢？

我随便猜了一个方向，沿着小溪前行。慢慢地，我恢复了平静，也许是因为周围的景物，也许是因为长久以来这是我第一次独处。

最终，小溪蜿蜒曲折地流过一处岩石遍布的区域，沿着一块很大的草地边缘流淌。当我爬上这块空地的时候，眼前的景象令我大吃一惊。在草地中央，有一间小木屋，似乎完全由玫瑰花建造而成。在木屋周围，是一块菜地，种着几百种奇花异草。蝴蝶在百花丛中翩翩起舞，空气中弥漫着清香。整个景象令人心醉神往，我知道我找到朱利安了。

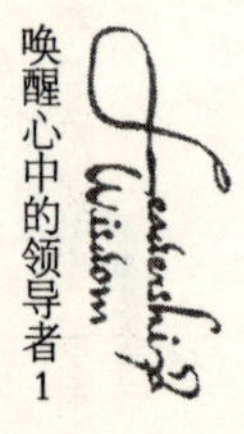

“你好，”我大声呼喊，“你在那儿吗，朱利安？”

木屋的门立即打开了，走出来我的老朋友，他一脸喜悦。“怎么这么久才来？”他问道，“我已经等你很久了。”

“你肯定不会相信我的遭遇。我在森林入口找到你说的地图，看完指示，然后进入树林。事情一直比较顺利，直到一个疯子突然出现，他手里拿着一根巨大的木棒，并且开始追我。我吓坏了，拔腿就跑，直到再也跑不动。幸运的是，我终于甩掉了那个疯子，而且找到了你说的那条小溪，最后沿着小溪找到了你。我想我得喝一杯压压惊，你以前经常喝昂贵的苏格兰威士忌，现在不喝了吧？”

“我狂饮威士忌的岁月早就过去了，而至于你说的那个疯子，不必担心，我肯定他不是在追你。”朱利安很有把握地说，但他如此确定令我不解。

“你怎么知道的？”

“因为你说的那个疯子就是我，我当时正在树林里，想赶在你到达之前，把这根树桩拿回来。看，这是我的家，我正计划修葺一番。我需要这根树桩支撑这间‘新厢房’。”他大笑道。

“那是你？”我大声喊道，“朱利安，我当时还以为自己要一命呜呼了，看在上帝的分儿上，你怎么不告诉我一声？我差点儿犯了心脏病！”

朱利安搂住我的肩膀，试图安慰我：“我差点就告诉你了，但后来转念一想，我今天之所以请你来，请你进入这个神秘森林中的世外桃源，到我住的小木屋来，就是想与你分享第四块拼图的力量——顺应变革。

“我觉得，经历过一些冒险和挫折之后，你可能会更好地领悟我将要与你分享的经验。如果我吓到了你，我真诚地向你道歉，但我知道你会没事的，因为在你来的路上，我一直跟着你，保证你的安全。现在，欢迎光临寒舍，马上开始我们的经验分享吧，我们今天有许多重要的东西要学。”

走出安全区

平静下来之后，我问道："你说的放任变革是什么意思？让我先体验些挫折，这又有什么益处？"

"我想你肯定也知道，在今天的商界中，变革是最具主导性的力量。技术日新月异，社会、政治环境在不断变化，甚至连人们的工作方式也在发生变化。你知道吗，在20世纪初期，世界上85%的劳动力从事农业工作，而现在农业领域占用的劳动力不到3%。而且据最新的报道显示，过去30年中的信息比之前整整5 000年的信息总和还要多！"

"确实是这样。在远见公司，不断的变革都快让我们发疯了。当我们的产品刚上市，实际上就已经落后了，因为别人已经在试验更先进的产品了。人们开始要求用新方法完成工作，我们客户的预期已经发生了彻底的改变，我们的竞争对手遍布全球。所以事实似乎是：当我们终于实现一项新技术时，十项更新的技术正在突飞猛进。"

"一点儿没错。这就是我邀请你来我这个小屋学习适应能力与变革管理智慧的原因。每一个具有前瞻眼光的领导者都不受变革的困扰，他们具备的智慧使他们意识到，如果真正想掌握变革，那必须任凭变革发生。"

"那你把我吓得六神无主，这对学习有什么帮助吗？"我对朱利安让我经历这段冒险仍然迷惑不解。

"因为管理变革的唯一方法就是善于处理意外情况。在新经济形势下，智力资本的价值远远大于物质资本的价值，为了在这种形势下脱颖而出，领导者必须具备很强的适应能力和很快的反应能力，能够优雅、敏捷、迅速地应对各种意外的挑战。我很遗憾地说，我的朋友，你在这些方面都不合格。"

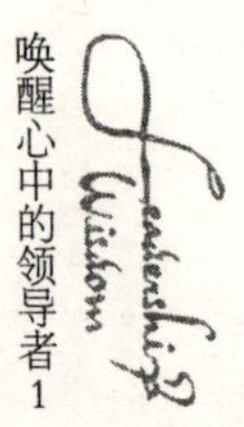

“我不明白。”

“是这样，我当时的那个小试验目的就是使你措手不及，迫使你走出安全区，因为我注意到你一生中都不肯踏出那个‘安全区’半步。从我观察的结果看，你属于循规蹈矩的类型，从来不乐于尝试任何新事物。你把自己封闭在那间巨大的办公室里，日复一日地重复着相同的工作。当出现新情况，或者需要学习新技能、应对新挑战时，你总是安排给其他人。你最好的处理方法只是将过去已经证实有效的相同方案，匆匆用来解决你遇到的每一个新问题。你的公司业绩日益下滑，原因之一就是没有抓住这个新的商业时代提供的无限良机。

“每天重复相同的事情，不会产生新的结果。要想改变现状，你必须改变做事的方式。你必须改进自己的领导方法，永远不要忘记爱因斯坦所说的话：‘用制造问题的方式去思考问题，将永远无法解决我们面临的重大问题。’你必须具有更新颖、更高级、更大胆的思想，以应对遇到的层出不穷的变化。你必须积极地接受这些变化。”

“这就是你所说的顺应变革的意思吗？”

“没错。变革会不可避免地带来压力，面对这种压力，大多数领导者只有两种反应：战斗或逃避。当你在森林里面对突如其来的挑战时，你选择了逃跑。实际上，还有第三种方法，而且这种方法深受领导者青睐——他们放任变革发生，并且在这一过程中，努力让变革朝着对他们有益的方向发展。”

“但这难道不是自相矛盾吗？如果你顺应或屈服于变革，这难道不会使你成为失败者吗？”

“这是西方人的思维方式。然而在东方，圣人与禅师采用了截然不同的思维模式，而且这种模式在几千年中已经得到有效的验证。”

“这种思维模式是什么？”

“他们认为，欲擒须故纵。与其抵制变革，不如顺应它。正如中国古代哲学家老子所言，‘以柔克刚’。顺势而为，优于故步自封。这是顺势御物之道。死板地固守传统、陈旧的做事方法，将对你的公司造成致命的打击。思想家爱默生说过，墨守成规是导致思维狭隘的魔鬼。他的话千真万确，所以领导者的思维应该更灵活、更开放、更包容。现在开始行动起来吧，适应变革、顺应变革，顺势而为，就像流水一样。”朱利安提议说，“来吧，我们出去走走。”

“像流水一样？这还是头一次听说。”我说道，与他径直往小溪走去。

“流动是水的本质，”朱利安一边说，一边把他的手浸入潺潺溪水中，“水顺流而下，并不逆势，毫不犹豫地随波逐流，但却是地球上最强大的力量之一。研究流水，像水管理自然界一样去管理现代商业的瞬息万变。不要把变化看成不利因素，而要像欢迎朋友一样欢迎它。然后任凭它变化，这就是适应能力的全部精髓。”

“适应能力有这么重要吗？”

“在信息时代，适应能力是最基本的领导技能。如果领导者能够适应变化，将变化转变为对自己有利的因素，他必将获得巨大的竞争优势。但适应能力不仅仅是顺应变化、不抵制变化，而是从变化最初引起的焦虑中恢复过来，然后灵活变通地对待变化。适应能力会使你不惧失败，将失败看做一次试验。适应能力会让你认识到，遭遇过挫折，你的能力才会得到进一步提高。能适应新的变化会使你和远见公司日益强大、脱颖而出。你下决心要实现某个目标时，适应能力会增强你的毅力，使你不达目的不罢休。记住，不翻几次船，你学不会扬帆远航；不弹错几个音，你学不会演奏钢琴。成功是一个数字游戏，而挫折是其中的一部分。正如那句智语所言，‘百次射偏终成百步穿杨之技’。”

“我一直在想，为什么我总是抵触变化，也许是天性如此吧。”我半开玩笑地说。

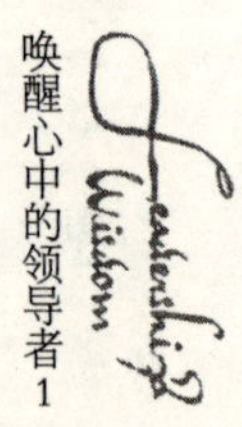

“实际上，这是一个完美的解释。”朱利安严肃地回答说，“每个人天生都具有抵制变化、维持平衡状态的本能。人类这种天性被称作‘恒定性’，它随着时间的推移自然地进化，凭借这种天性，我们的祖先得以在持续变化的环境中繁衍生息。当生活环境发生变化时，我们的内在机能马上被激活，调节新发生的影响，并使身体返回生物学家所说的稳定状态。从本质上来说，这种‘恒定性’是由于我们对稳定与安全的需要而产生的。问题在于，即使存在更有利的变化，这种机制仍然试图保持原样，它不会区分有利的变化和有害的变化，它只是机械地抵制所有的变化。”

“真是精彩，朱利安，你是想告诉我，我们每个人天生都具有抵制变化的本能吗?”

“是的，因此人们总是难以走出他们的‘安全区’，去适应新的变化。他们发现很难接受新习惯、学习新技能或者培养新态度。幸运的是我们可以对恒定性进行重新设置，欣然面对变化；不幸的是，重置的过程总会引起一些紧张、痛苦和一定程度的恐惧。作为一个有远见卓识的领导者，你的任务就是通过不断提醒下属变革的必要性，使他们认识到变革之后带来的诸多益处，来减轻这个过程中的痛苦。你应该告诉他们，变革会使他们更加接近目标。你要向他们展示，变革将如何最终改善他们的生活，提高他们的效率。你还必须使他们意识到，变革将有助于他们更好地为他人服务，作出更大的贡献。我说这番话的重点是：给员工提供关于变革的知识，帮助他们掌握变革。”

“那我怎么才能做到这一点呢?”

学习型文化

“这涉及另一个永恒的自然法则，在这个我有幸居住的繁茂森林中最为盛行的法则，即环境法则。只有当土壤、湿度和气温都合适时，一粒种子才能成长为参天大树。换句话说，成长的环境必须适宜。同样，你必须提供适宜的文化环境，让人们可以对变化作出积极的反应，并在这一过程中不断成长。”

“那应该是怎样的一种文化呢?”我饶有兴趣地问道。

“你必须在公司培养一种学习型的文化，必须推动员工的智力发展，必须提供一个充满奖励的工作场合，当员工不断充电或技能有所提升时，要及时奖励他们。你需要让你的下属明白，若想战胜变革带来的恐惧和压力，最好的方法是对它了如指掌。知识是战胜恐惧的良药，在学习上不要懒惰。他们准备得越充分，获取的知识越多，将会越轻松地接受变革，并在变革过程中使公司兴旺发达。如果你真的想把你的理想变为现实，那就去帮助你的员工成为终身学习者。创造积极的企业文化，鼓励员工接受新思想和新信息，与他们分享你拥有的所有信息。记住，彼得，在今天这个时代，善学者常赢。”

朱利安走在溪岸边茂盛的草地上，继续阐述关于变革管理的领导智慧。

“你瞧，在变革中也存在乐趣。没有变革，就没有成长；没有变革，就没有提升；没有变革，就不会有进步。看一看你走过的这片草地和森林，它也处在不断的变化中。树叶凋落，春天再生。鸟儿孵卵，幼鸟长大。季节也是在春夏秋冬间转换，甚至那些美丽的蝴蝶也不过是学会了变化的毛毛虫。你要明白，变化是世界存在的方式，它对于我们人类文明的进化至关重要，对于我们种族的生存也非常必要。可以说，变化是人类最好的朋友。平庸的领导者对抗变化，目光远大的领导者欢迎变化。古代哲学家马可·奥勒留深刻地领悟到了这一点，他说：‘人们总会观察到万事是变化的结果。要习惯地认为，大自然最热爱的就是改变已有的形式，让新的形式大行其道。’”

“你已经改变了我对待变化的态度，朱利安。我以前从来没有意识到，变化受到自然法则的控制，而且变化的作用是如此之大，不仅对于我们公司的成功意义重大，而且对社会进步也至关重要。关于变革管理，你还有其他经验吗？”

“刚刚想到一个，”他用手指着一只青蛙，它深绿色的后背上布满了棕色的斑点，“那位小朋友是一个绝好的例子。它可以向我们说明，如果你决定等待环境发生巨变才转变思维以求得生存，你将会有什么遭遇。”

“怎么说明？”

“是这样，如果你把一只青蛙放到一锅沸腾的水中，你觉得会发生什么情况？”

“我敢打赌，它肯定会试着往外跳。”

“没错。现在，我给你描绘一幅不同的场景。假如我们先把这只青蛙放在与室温相同的水中，让它慢慢地放松下来。然后慢慢给水加热，使水温逐渐升高，你觉得会发生什么情况？”

“别告诉我那只青蛙会待在那里一动不动吧？”

“它肯定是这种反应。就像大多数组织一样，当变化慢慢发生时，很容易被忽视。青蛙的内在机制只会在环境突然变化时作出反应，所以当变化缓慢发生时，比如水温逐渐升高，它就无法对此作出反应。实际上，它似乎还非常享受水温升高的过程，但随后的事完全出乎意料，它会被烫死。这是又一个自满思维模式的牺牲品。”

“这个比喻真恰当。你什么时候学到了这么多生物学知识？”

“我认识一个高中老师，她就是教生物的。当时我觉得生物知识很枯燥，很无聊，但现在我意识到，自然的法则实际上就是生命的法则。我们越早理解并应用于日常生活中，就能越早适应并利用社会上无处不在的变化为我们服务。记住，你只能使自己适应自然法则，否则就会发现自己会受到这些法则的惩罚。”

“就像我们被烫死的青蛙朋友一样。”我补充说。

"孺子可教。"

鼓励变革，学以致用

"面对变化，我们还可以做什么？我太喜欢分享你的这些心得了，其中的道理非常耐人寻味。"

"我今天早上向你揭示的这些领导力法则，其实都是一些常识，只不过大多数人过于忙碌，忽视了这些常识。"

"一点儿没错。"

"下面，我建议你鼓励你的员工成为强有力的胜任者，"他很快回答我说，"这有点儿类似于我刚才所说的成为一个终身学习者，但又不仅限于此。作为一个员工，成为强有力的胜任者就意味着你不能再等着管理者牵着你的手，指引你应对变革，相反，面对突变的形势，你必须主动承担起自己的责任。如果你所在的部门出现了问题，要积极寻找解决方法，不要总是怨天尤人，而要学会将自己当做一个问题解决者。"

"那么作为一个领导者，我应该怎么做，才能帮助员工在工作中成熟起来并培养这种意识？"

"秘诀就是帮助他们提高创造价值的能力。在市场中，人们获得的奖励取决于他们增添的价值大小。一个做汉堡包的人可能比一个创造九位数年收入的 CEO 更具创造性，但前者为市场创造的价值明显比后者所以少，他的收入就少得多。你要做的就是帮助你的员工增加知识，提高能力，使他们创造更多的价值。你将使他们意识到，组织变革不是一场精彩的体育比赛，不能只求勉强生存，他们需要参与到比赛之中，作出自己的贡献。通过这一过程，他们不仅会提高信心和创新水平，而且会极大地减轻压力。"

"为什么会这样？"

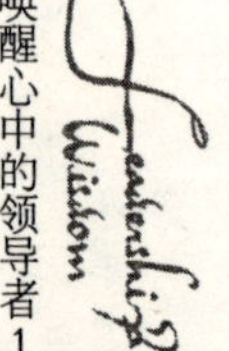

“巨大的变化会带来很多压力，最大的压力之一就是雇员们害怕自己跟不上节奏，并因此被解雇。与此同时，大多数组织依然没有看到持续领导力与技能发展培训的价值。公司经常将50% ~70%的资金用于给员工发薪水，但用于员工培训的资金却不足1%，这一差异毫无道理可言。在人力资源培训方面不断进行投资，送员工参加培训研讨会，使他们接触最新的商业书刊，这将使他们的技能大幅度地提高。挖掘他们的才华，帮助他们意识到，在公司内部的变革过程中，他们确实起到了关键作用。你将帮助他们把弱点变为优点。‘舍得从钱袋子里掏钱投资于充实头脑，你的头脑会为你赚来大笔钞票，永远装满钱袋子。’富兰克林如是说。林肯也曾说：‘人们生活中的安全感来自出色地完成不寻常的事情。’这都是在告诉你要舍得在人力方面投资，使员工成为行业内的佼佼者。要深刻认识到，员工培训是一种投资，而不是单纯的成本支出。而且要明白，公司的成长与员工的成长成正比关系。帮助员工熟练掌握他们工作所需的技能，使他们成为不可缺少的人才，你不仅会提高生产率，而且会赢得他们的忠诚。”

“你说得太对了。我们公司有个年轻小伙子，他起初只是一个运输操作员，是个很不错的年轻人。我与公司员工有实际接触的很少，他就是其中一个，而且我会不时与他聊几句。后来他对我说，他非常想试试计算机编程，但苦于缺乏相应的技术。所以我出钱送他参加了一个培训项目。很快，在午餐时间他就可以与其他编程师一起交流技术上的问题了，请他们给他一些指点。事实证明，这个小伙子很有编程天赋，所以我的一名经理聘用了他，专门写软件程序。”

“那他现在呢？”

“他现在是我们公司的首席编程师。一个竞争对手试图用高薪把他挖走，但被他拒绝了。他说他在我们公司做得很开心。真希望所有员工都能这么想。”

“如果你能像对这个小伙子一样在所有员工身上投资，他们就会这样想。你给了这个小伙子自我发展的机会，反过来，他以信任回馈你。看，人们抵制变革的另一个原因，只因为他们不信任上司的领导力，他们不相信经理和主管会将他们的利益放在首位。人们习惯于质疑那些以自我为中心的领导者。帮助员工胜任工作，会极大地改善这一状况。如果你把自己当做一名人才培养者，你会看到自己对他们负有义不容辞的责任。我知道一家业绩斐然的公司，那儿的员工一周只工作四天。”

“那第五个工作日干什么?”

“这一天专门用来培训公司员工。”

“真是难以置信。”

“要不断地提高员工的能力，永远不要‘只见树木，不见森林’。”

“这句话是什么意思?”

“这种情况太多了，用心良苦的领导者聘请演讲者作报告，送团队成员去参加学习研讨会，购买最流行的商业书刊与录像，这一切他们都做了，但是却忽略了一件最重要的事情。”

“什么事?”

“知识在应用于实践之前毫无价值。成功不是由你掌握的知识决定的，许多雇员也意识到了他们需要怎么做才能帮助组织更加繁荣。只有根据你掌握的知识采取行动，将知识应用于实践，才能获得成功。若想成为真正的世界级公司，你和员工必须将知识应用于实践，将计划转变为行动。我至今依然清晰地记得，拉曼在他的小木屋里说过的一句话。”

“那句话是什么?”

“‘春天已逝，夏天已去，冬天已至。我想唱的歌依然没有唱。日复一日，我只把琴弦调了又调。’我想，这句话提醒他的就是：时间正在悄悄地流逝，现在是将好主意转变为实际行动的时候了。”

说完，朱利安抬头仰望，凝视着一小片天空，嘴里咕哝着几句话，

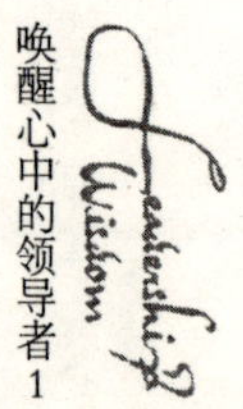

好像是“朋友，我很快会再来看你的”。现在，我已经习惯了他偶尔的奇怪行为，也许这是他与喜马拉雅山那些世外高人长期接触的结果吧。

“好，我们再说最后一点就可以结束今天早上的谈话了。”他继续说道，注意力又回到我身上，“早上你受了那些惊吓拼命狂奔，我知道你肯定也累了，我今天也正好有些事情。最后一个可以帮你掌握变革艺术的自然法则是：一分耕耘，一分收获。上次见面时我就跟你说过一次，这是古老的丰收法则。”

耕耘思维的花园

朱利安带我走进他那个生机盎然的花园。“我每天早上都抽一点儿时间来打理我的花园。我对这个花园充满敬意，因为生长出来的果实为我提供了营养。我仔细地松土、浇水、拔草，我逐渐认识到，我对它越关心，它给我的回报就越多。这些蔬菜是我青春永驻的另一个秘诀。”

他弯腰伸手，拔出一把新鲜的胡萝卜。我很惊讶这些胡萝卜长得硕大无比。

“想带一些回家吗？”

“当然，萨曼莎肯定会非常喜欢的。”

“我们的思维与这个花园非常相似。如果我们关心自己的思维，悉心培养，施加最好的肥料，我们的思维也会以同样的方式回赠我们，指引我们走向成功。大多数人的问题在于，他们不加甄别，什么都往脑子里塞。早晨起来，他们开始阅读报纸上的负面报道。然后，在等公交车的时候，脑子里都是这些负面消息。到了办公室，他们的注意力也都在那些负面事情上，而非开动脑筋，去搜寻积极的事情。最后，在一天即将结束的时候，他们脑子里剩下的都是一些糟糕的信息，他们就会疑虑，为什么生活如此劳累，如此悲哀。记住，你的思维既可能是你最亲密的朋友，也可能是你最可怕的敌人。所以要学会管理你的内心，勇于承担责任，控制好自己的心态。只有辛勤耕耘才会有收获。”

“我的父亲以前也经常对我这样说。”我静静地说道。

“看来他也是一个智慧之人。”朱利安说，“你看，如果仔细想来，领导者并不是在领导公司，他们甚至不是在领导人，他们真正领导和激励的是态度。他们向员工展示了前方正在等待他们的目标，然后赋予他们实现这一目标的激情和必备的技能。所以，在组织中要重点培养积极的思维方式，相信我，这并不是像许多不开化的领导者和经理所说的‘奉承话’。充满激情与能量的思维模式，正是成功的根本保障。”

“再补充一点，”朱利安接着说，“在这个你有幸成为领导者的商业新时代，思想才是真正成功的商品。你能走多远，完全取决于你的思想。正如英国前首相迪斯雷利所说：‘以伟大的思想滋养你的头脑，否则虽行不远。’”

“说得真好，朱利安。你的意思是，当该说的、该做的都已完成，唯一限制我们成功的就是我们的思维。”

“没错。仔细想一下，每一个伟大的发现、发明或成就，都始于某个有灵感的发明者的思想。爱迪生发明白炽灯泡的想法，索尔克想培养抵抗小儿麻痹症疫苗的愿望，或者是甘地想领导人民争取自由的渴望，都始于他们某个简单的想法。在你员工的两肩之间，有一个球状物体，你开始看到这一物体的巨大能量了吗？”

“是的。”

“所以，最佳的变革管理原则之一是，调整你和下属的思维，将当前的沉浮看做学习、成长和成功的良机。训练他们的思维，使他们能不断地在各种情况中看到转机，在逆境中看到成功的可能性。当世人只看

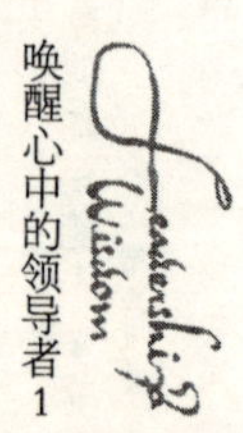

到黑暗时，有远见的领导者会引导下属看到更高远、更振奋人心的现实，”朱利安的话语充满了激情，“正如海伦·凯勒所说：‘悲观的人永远不会看到繁星的秘密，不会驶往未知的大陆，也不会开辟人类精神的新天地。’

“哦，顺便说一下，”朱利安补充说，“我还建议你让员工成为逆向思维者，这将会极大地提高生产率和士气。”

“什么是逆向思维者?”

“逆向思维者是指这样一种人，他们相信这个世界正积极地以有利于自己的方式运转。正如威廉·詹姆斯曾经说过的，‘信念改变了事实’。”

“我喜欢这句话。”

“的确是这样，彼得，我们的预期创造了我们将要面临的现实。无论在商业界还是生活中，成功就是对预言的实现。思维具有伟大的力量——永远不要忘记这一永恒的自然法则。你看，思考的过程就像沿着这些小径前进。”朱利安指着几条四处延伸的弯弯曲曲的小路，“每一天，你都面临要走哪条路的选择。选择任何一条小路，会带你前往某个目的地。如果用那些圣人的话说就是，你的领导力水平最终都可以追溯到你做出选择的水平。”

“真的吗?”

“当然。永恒的因果法则永远会起作用。你的成功程度，总有一天可以追溯到你当初所做的选择：你选择与什么样的人交往，你和远见科技选择抓住什么样的机会，甚至你选择阅读什么样的书刊。”

“还有我选择了让什么思想进入我的思维花园。”我完全领会了朱利安关于选择之力量的道理。

“说得好，彼得。你真是个难得的好学生，”朱利安回答说，“所以就像我说的，思考就像走这些小路。如果你有足够好的自我意识，选择正确的道路，它会带你前往你想去的地方；但如果你选择了错误的道路，你永远不会到达你的目的地，这就是消极思维所起的误导作用。当有压力的思想溜进你的思维花园时，你没有选择走另一条更有前途的道路，而是选择了压力重重的小路。那么，就像眼前这些小路一样，你在消极的道路上走的次数越多，你就会对它越熟悉，你就越会觉得这是你唯一的道路。而我们都清楚，在这个瞬息万变的时代，这样的思维模式只会带你走向歧途。拉曼告诉过我一个事实，在梵文中，‘火葬柴堆’与‘烦恼’有着惊人的相似之处。”

“难以置信。”

“如果仔细分析一下，你会发现两者有着紧密的联系。”

“真的吗?”

“当然。火葬柴堆焚烧死人，而烦恼则焚烧活人。所以，当令人悲观的思想溜进你的头脑时，要尽量忽视，不给它发展壮大的机会。不要走上这一歧途，不要执迷不悟，这会消极地影响你的思维与感觉方式。”

“马克·吐温曾经说：‘我的生活中充满了麻烦，有些麻烦真的发生过。’现在，我终于明白他这句话的意思了。”我若有所思地说道。

“我得记住这句名言。你知道，我喜欢引用伟大思想家的名言，这一句就很经典。”

当朱利安带我穿过森林，回到我停车的地方时，我一路都在思考远见科技经历的各种变化，以及如何把朱利安的领导智慧应用其中，产生积极的效果。在我们短暂的相聚中，我开始明白，变化确实是一种自然的规律，有了变化，事物才会不断向前发展。如果我真的希望与成功相遇，那么与其抵抗变革，不如任凭变革发生，然后使自己适应变革。托马斯·富勒[1]曾经说：“抱怨生不逢时只是推脱责任的一个借口而已。”

---

① 托马斯·富勒（Thomas Fuller, 1608—1661）：英国神学家、历史学家、作家。——编者注

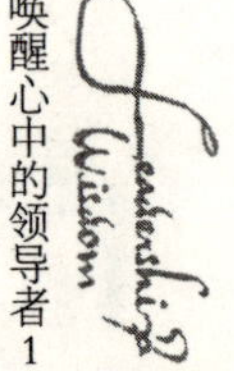

我和我的经理们不能再被动迎战，应该增强适应能力。我们必须成为高瞻远瞩的领导者。这真是一个不同寻常的早晨，我对朱利安如此说。

“最好的早晨还没到来，我的朋友。你永远猜不到我们下次会在哪里见面，我为你准备了一次精彩的会面。”他呵呵地笑道。

“我真是迫不及待啊，”我摇了摇头，说，“我最好确认已经购买了所有的健康保险。学习你这些智慧还真是一件刺激的事情！那么，我们下次在哪儿见?”

“在耶鲁福德军事基地。”他直截了当地回答说。

“你在开玩笑吧?”

“不是开玩笑，那儿真是一个绝佳的地点，非常适合我给你解释下项仪式。下周五晚上8点见吧。”

“好吧。我能先看一下第5项仪式是什么吗?”我难以抑制自己的好奇心，忍不住问道。

“当然。看吧。”朱利安把手伸进长袍，掏出一块拼图，这是我一直期待看到的第五块拼图。

“这上面什么字也没有啊，怎么回事?”

“你拿倒了，我的朋友。”他笑着对我说。

确实，当我把这个拼图正过来后，我看到了一直期待的刻字——效率：专注有价值的事。

朱利安的智慧概览

仪式
- 顺应变革

本质
- 关于适应能力与变革管理的仪式

智慧
- 培养应对突发情况的素质。
- 确保在变革过程中存在学习型企业文化。
- 变革是世界存在的方式。

实践
- 鼓励变革
- 学以致用
- 耕耘思维的花园

箴言

日复一日地重复相同的事情不会带来新结果。为了改变这个结果，你需要改变正在做的事情。你必须转变自己的领导方式。

第 09 章

拼图5 效率

专注有价值的事

在迷惑、急躁和混乱中，你的任务是抓住持久的平静与意义，不断更新，并且珍藏在心。

保罗·欣德米特

我已经好久没有去那个老军事基地了。小时候，父亲经常带我去那里，我们在那边的山顶一坐就是几个小时，俯瞰下面的军营，看士兵们一丝不苟地操练。我至今仍然不明白，父亲为什么对士兵的操练如此着迷。或许是由于壮观的场面，或许是因为操练本身，也可能仅仅是因为他可以和儿子单独在一起。然而，有一点是肯定的，我非常想念他。

我把车停在空旷的停车场上，然后开始寻找朱利安。现在是晚上8点，我准时赴约，但这位老朋友却不见踪影。唯一能看到的是在操场上行进的新兵，他们年轻的中士扯着喉咙喊着口令。

士兵们在草地中央站了一会儿，随后，他们朝我的方向走过来。我

非常奇怪，他们有那么大一个操场，怎么会突然跑到停车场这种地方来训练。不久，我发现他们显然是直接朝我走来的。新兵们越走越近，步伐也越来越快。我站在原地，一动不动。当他们走近时，我看到他们有些人面带微笑，有些人甚至大笑不已。由于刻苦的训练和酷热的天气，汗水顺着他们的脸流下来。

我仍然无法看清是哪个中士在指挥训练，但我决定和他谈一谈。毕竟，这些士兵肩负着保家卫国的神圣使命，应该严肃地对待他们的训练，他们有更重要的任务需要完成，而不应在此骚扰一个无辜平民。那些新兵停住了脚步，虽然他们都面带微笑，但没有一个人看着我，而是紧盯着远处。我决定先发制人，所以走到新兵队列里寻找他们的指挥官。

最后，我走到了队列末端。虽然指挥官的脸被军帽的帽檐挡着，但我依然可以看出他身材高大魁梧，穿戴整洁，一副雷厉风行的样子。

“干什么呢？”我粗暴地质问道，这一语气曾经让我的雇员们胆战心惊。“我把车停在这儿，只是为了见一个朋友。你为什么带着士兵冲过来？我并没有妨碍你们的训练啊！”

“我们是来询问你的，”他坚定地回答说，“我们必须问你一个问题。如果你回答对了，你可以自由行事。但如果回答错了，我们不得不把你拘留起来。”

毫无疑问，这肯定是个玩笑。我什么也没做，只是开车来到停车场。我是国内最大公司之一的CEO，遵纪守法、照章纳税。虽然我不一定是一个伟大的领导者，但也没做什么违法的事啊。

“我不知道这是怎么回事，但我肯定你们认错人了。我是个商人，管理着一家大型软件公司。我来这儿只是为了见一个朋友，他本该8点钟到这儿。他以前从不迟到，或许你和你的士兵们在操场上见过他。你们可能有印象，他总是穿着一身红色的僧袍。”

士兵们笑了起来，起初声音还不是很大，但随后笑声越来越响亮。指挥官依然镇定自若，继续说道：“请你回答这个问题。正如我说的，如果你答对了，尽请自便。”

“好吧，问吧问吧。”我愤怒地说道。

“你带来第五块拼图了吗？”他问道。

“你说什么？”我结结巴巴地问。

“你听到我问的问题了，彼得，你带来第五块拼图了吗？如果你没带来这块拼图，我们怎么继续学习啊？”

我立即冲过去，伸手把他的帽子摘掉。令我震惊的是，竟然是朱利安！他轻轻地在我背上拍了一下，哈哈大笑，其他士兵也笑了起来。显然，这些士兵的操练无非是他精心策划的演出而已。

“欢迎来到耶鲁福德军事基地，彼得！”

“你真是太不可思议了，朱利安。你是怎么说服他们听你的话的？你的长袍呢？我还以为你永远不会脱掉呢。”

“只在特殊的场合才会脱掉，比如现在。”他狡黠地笑道，“这个军事基地的指挥官和我是老朋友，我们是哈佛校友。他欠我一个人情，我决定这次来麻烦麻烦他。”

士兵们恢复队形，返回营房，朱利安和我走到操场中央。这时，夕阳西下，又是一个美丽的夏日夜晚。我此刻已经冷静下来，开始琢磨朱利安这番恶作剧的原因。

拥有更多的时间

“好吧，第五块拼图我带来了。”我说。

“很好。如果你确实想提升自己的领导力，今晚的课程至关重要。”

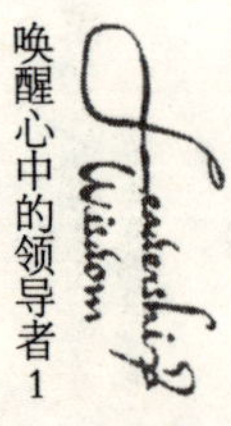

"'专注有价值的事'，这句话究竟意味着什么?"

"假如我可以满足你的任何愿望，你想要什么?"

"很简单。就像大多数我认识的领导者一样，我想要更多的时间。只要每天多给我一个小时，我就会感到很幸福。因为所有那些必须参加的会议，所有必须审阅的报告，所有必须解决的问题，我好像从来都没有时间做真正重要的事情，而这些事情才能真正改善远见科技的业绩。我是说，我已经记不得上一次坐下来静静地思考我们公司的未来战略是什么时候了。我就像一个消防队长，总需要不断地到处灭火，因而延误了更重要的问题，我知道我需要思考的就是这样的问题。所以，我的愿望当然是能有更多的时间。"

"没问题。"朱利安回答说。

"就这么简单?"

"是的，其实我已经告诉过你如何获得更多的时间：专注有价值的事。用更多的时间专心致力于必要的事情，其中的秘诀就是忽略那些没有必要的事。"

"真的就这么简单吗?"

"是的，自古以来，在你之前的每一位高瞻远瞩的领导者，都已经培养起这种习惯。一天，人们问伟大的发明家爱迪生，他成功背后的秘密是什么。他略作沉思，回答说：'将你的精力和体力专注于解决一个有价值的问题，其他一切问题将会迎刃而解。'你每天都有很多事情可做，是吧？每个人都如此。如果你早晨7点起床，晚上11点上床睡觉，这中间有16个小时的大好光阴。我们每天都在忙着不同的事情，唯一的区别在于，他们忙许多事情，而我只专注一件事情。如果他们把时间用于做一件事，他们肯定也会成功。

"高瞻远瞩的领导者对其目标有着清晰的认识，而且也准确地知道需要做什么才能实现这一目标，他们清楚地知道哪些活动是高收益的，其他任何事情都只是浪费他们的宝贵时间，他们会全部忽视。所以，提高个人效率的真正秘诀就是专注于目标。正如爱默生的精辟论述，‘专注是战争与贸易的力量来源，简言之，它是人类事务管理的秘诀’。在领导过程中，有些活动值得我们关注并付出精力，而有些活动则不值得。一旦你明白了哪些事情值得关注，并具备去做这些事情的自律能力，你的效率将会得到极大的提高。”

“我记得在商学院的时候读过彼得·德鲁克的警语，‘从忙忙碌碌转为实现结果’。”我补充道。

“正确。而且他也曾写过，‘有效率地做原本完全没必要做的事情，没有比这更无效的事情了’。拉曼也说过类似的话，‘试图事事皆做的人终将一事无成’。所以，做事的真正秘诀在于知道什么事不要做。这就是第五块拼图的精华所在，这也是一项关于个人效率的仪式。你必须培养‘狭窄的’视野，把最需专注的事情放在首位。”

“那么，什么是有价值的事情？能举个例子吗？”

“当然可以。但你要坚信这一点是正确的。这样说吧，任何能为你带来实际回报的、任何有助于你接近目标的事情，都值得投入时间。这就像你在商学院学到的古老规律——20%的活动创造了80%的结果。所以，专注于那20%的事情，致力于做有价值的事情。这一概念的神奇之处在于，对有价值的事说‘是’，你其实也是在对没必要做的事说‘不’。这样一来，你自然而然地简化了自己繁杂的事务，理顺了生活。”

“简化我的杂事，我太需要了。”

“这就像一位高僧说过的，‘我认识的大多数人都想变得更加聪明，可我却只想变得更简单，而不是那么复杂’。你执行领导力的过程中，关注点越少越有效率。”

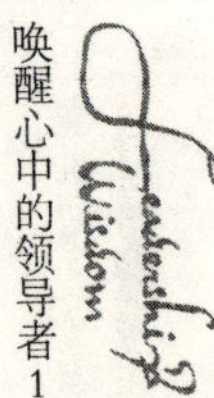

"好的，我试着想一想哪些是高收益的活动。自从我们几周前的见面之后，我就想过，如果我花时间让下属了解我的发展规划，让他们明白实现这一规划将极大地改善他人的生活，这算是有价值的事吗？"

"当然是，答得好。"朱利安赞赏地说道，像竞赛节目的主持人那样拍手叫好。

"经理们讨论如何才能通过'定期奖励，充分认可'，激发员工的积极性，这个算是有价值的吗？"

"说得好，又一个很好的主意。"

我意识到自己已经掌握了领导力哲学的精髓，所以我能很快地想出许多可以提高我领导效率的活动，定期的战略思考、不断地准备与计划、职业与个人的发展以及人际关系培养等。

"而且有趣的是，"朱利安补充说，"你在这些高收益的事情上花的时间越多，用在那些琐碎小事上的时间就越少，你一直在抱怨这些小的突发事件占用了你的宝贵时间。"

"为什么呢？"

"你想想，如果你花时间与员工沟通信息，建立更和谐的人际关系，而不是像大多数领导者那样进行微观管理，这样，误解和冲突就会减少；如果你将更多的时间用于赞扬和奖励员工，鼓励他们坚持你想看到的行为，那么质量、生产力和效率都将会大幅度提高。这些都会节省你的时间。更重要的是，如果你将更多的时间用于战略思考和提高自己方面，你会成为一个更好的思想者，将在领导过程中做出更明智的决定。此外，明智的决策意味着更少的危机，这也会节省你的时间。圣人们构想出的这个概念，的确是非同凡响。我依然难以相信它蕴含的无穷力量。"

"你觉得为什么大多数人没有应用这一规律呢？"

“首先，他们太忙了，没有时间好好地考虑他们怎样才能提高效率。梭罗说：‘忙碌并不能说明什么，蚂蚁也很忙。问题是我们究竟所忙何事?’大多数人都像蚂蚁一样，而非大象，希望你能听懂我的比喻。第二个原因在于，他们不知道该从哪里着手。长期以来一直在白白地浪费时间，已经不知道应该如何开始改变。”

“洗耳恭听。”

“秘诀在于你要具备一个系统，有效的系统肯定会产生积极的效果。如果你真想关注有价值的事情，首先必须将有价值的事情仪式化。你需要一个系统，将你所有高价值的活动整合到日常工作中。只有通过这种方法，你才能避免把时间浪费在低效的活动上，否则长此以往会摧毁你的领导能力。”

不要被时间领导

“拉曼有没有给你这样一个系统，可以用来仪式化有价值的事?”

“当然。这个系统叫做‘智慧领导力的时间模式’。它简单有效，可以说，关于时间领导，这是我见过的最有效的系统。”

“你是说时间管理吧。”

“不，我是说‘时间领导’。在今天的商业世界中，每个心智健全的人都有一些管理时间的方法。但是，只有高瞻远瞩的领导者发现了如何领导时间。他们认识到，如果你不能领导时间，时间就会领导你。”

“有意思。”我说，“那么，这种时间模式是怎么发挥作用的呢？听起来挺复杂的。”

“实际上，一旦你掌握了这一模式，就会发现它其实非常简单。‘简约是优雅的最高形式’，我在喜马拉雅山的朋友们经常这样说。你必须做的第一件事是，留出一段时间——拉曼称为‘每周计划时间’，可以

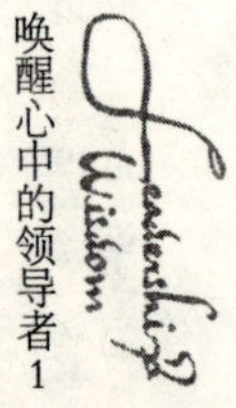

是周日晚上的半个小时，或者周一早晨的时间。我建议你利用周日晚上的时间，因为一周的活动在这时基本结束，所以更容易给自己找出一点儿不被打扰的时间。”

“确实比周一早晨更容易。”

“的确。一旦你确定了用来进行每周计划的时间，有5个步骤必须遵循，以便仪式化有价值的事，确保在随后的一周中，你所做的每件事都会使你更加接近你的终极目标。步骤1：重新审视你的愿景规划。设想事业与个人的终极成功会是什么样，这会提醒你自己的使命是什么，会增强你的使命感。想象一下，当你最终完成使命时，远见科技公司会是怎样的一番情形；当你最终成为一直梦想做到的好丈夫和好父亲时，你的家庭生活是多么的和睦。重温你对美好明天的展望，将会使你斗志昂扬，专注于有价值的事。”

“这一步很有道理。下一步呢？”

“步骤2：审视你已经下决心得到的年度胜利，看今年是否值得继续这些胜利。”

“‘年度胜利’是什么意思？”

“你之前已经决定了如何利用时间，才能在当年对你的未来愿景产生最重要的影响，在此之后你设定的那些目标就是年度胜利，也就是你的年度目标。通过重新审视这些目标，你会提醒自己，这些追求肯定会使你和公司进一步实现预定的目标。而且通过这一过程，对于那些低效的活动，你会形成一个更清晰的认识，聪明的领导者从来不会接触这些低效活动。我们发现自己身处一个新的商业时代，如果用一句话来概括特征的话，那就是领导者比以往面临更多的选择。

“面对难以置信的大量选择，我们唯一的方法是形成一个预定的策略。如果你已经有了，你应该在此基础上创建一个框架，帮助你做出那些将有益于实现目标的选择。小说家索尔·贝娄[①]曾经写到：‘计划可以使你摆脱选择的折磨。’”

“精辟。”

“聪明的领导者已经预先计划好如何最充分地利用时间，而且在遵循计划行事的过程中，他们也能够更好地应对面临的众多选择。如果手头有更重要的事情要做时，他们会很容易地对其他次要的事情说‘不’。正如我之前所说的，做事的秘诀在于知道什么事不要做。这就是‘有计划地忽略’法则，这是一条古老的法则，自古至今，每一个高瞻远瞩的领导者都对此非常精通。”

“这真是发人深省啊。”

“没错，所以我说这个模式可以帮助你仪式化有价值的事情。”

“那么，步骤3是什么呢?”我好奇地问道。

“这个问题的答案就是拉曼所说的‘实现每周目标’。这些目标就是你在随后一周中必须集中精力努力去做的事情，它们会使你具备必需的自律精神。这些‘每周目标’会使你把时间和精力集中在有价值的事情上。”

“‘每周目标’的概念让我专注于最充分地利用时间，那么一周的每一天以及这一周本身都起到了很大的作用，是吧?”

“是的，大多数人让时间白白地流走了，他们没有意识到光阴一去不复返。他们把次要的事情放在首位，专注于细枝末节。不久，他们的一生就这样过去了，只是因为没有把握住每一天。正如那些圣人曾经对我说的，‘如果你不对人生采取行动，人生就会对你采取行动’。”

“千真万确。”我对这一道理有了更深刻的理解。

---

① 索尔·贝娄（Saul Bellow，1915—2005）：美国犹太裔作家。曾获1976年诺贝尔文学奖。——编者注

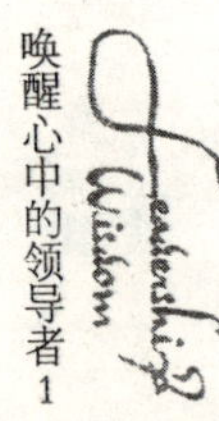

“不仅如此，他们还认为，每一天都是人一生的缩影。在整个人生中，你由生至死；在一天中，你早晨醒来，晚上睡去。但是，在此期间你的所作所为，将以现实的方式决定你的一生是丰富有意义的还是虚度光阴的。永远不要忽视看似平常的每一天，彼得。当你度过每一天的时候，也是在度过人生。不要浪费哪怕一天的时间，过去的已成为历史，未来尚属虚幻。而今天，此时此刻，才是你真正拥有的全部。”

“所以，设定每周目标，将使我更接近我的年度目标，进一步地，将使我更接近实现未来规划，是吧？”

“一点儿没错。”

“这就意味着，如果我遵循这个简单程序，我一周中的每一天都在做有价值的事情。”

“是的，而且你的生活也开始充满成就感，你会感到精力旺盛，因为你知道你正一步一步地实现梦想。”朱利安说道。

“那么，一旦我决定了自己的每周目标，接下来做什么？”

“步骤4要求你把已经承诺在随后一周实现的目标融入到你的日常计划中。在次要的事情进入日程计划之前，多实施几次你的每周目标，你肯定会优先考虑最重要的事情。切记下面这个时间领导真理：如果你最重要的事情没有进入你的计划表，那么别人的重要事情就会占满你的计划。通过实践这个简单的管理时间的方法，你度过的每一天都会使你更加接近你的愿景目标。这是获得一生成就的终极工具。”

“我猜，一旦新的一周开始，真正的挑战是面对忙碌如何做到坚持预定的计划，是吧？”

“没错。时间领导的金钥匙就是在你计划的时间内，做你计划要做的事情。就像我与你分享的其他每一个领导力哲学一样，起点就是自律。”

“真的吗？”

“千真万确。自律是顶级领导者的共同特征，是使领导者学以致用的法宝。我说过，你的知识不是最重要的，成功来自于根据你的知识采取的行动，而自律可以激励你采取实际行动。”

在我成长的过程中，父亲经常和我谈论自律的重要意义。我至今依然记得他对我说过：“你对自己越严格，生活就对你越宽松。”用朱利安的话说，父亲就完全做到了“言行一致”。他总是每天5点起床出去晨练。他不吸烟、不喝酒，过着简单但令人羡慕的生活。他从来不在背后说别人的坏话，而且总是信守承诺。他从心底认为，大多数人在生活中经历的挫折，都可以归结为缺乏自我控制力，不管是大肆吃喝，还是不注意培养人际关系，或者是缺乏冒险的勇气，怯于追求自己的梦想。也许这正是他带我来这个军事基地的原因吧，我心想。那些士兵是纪律的典范，他们接受严格的训练，服从命令，而且永远不背离正确的方向。他们只要想出一个计划，就会遵循计划，直至完成。我把自己的这些想法告诉了朱利安。

“这确实是我今晚带你来这儿的原因。”他很高兴我能领悟到这些，“‘专注有价值的事’，这一仪式要求极高的自律能力和内在动力。我们参加的最伟大的战役发生在我们内心。这些士兵严格服从命令，严格要求自己，这永远值得我们学习。听着，彼得，如果很容易受外界的影响，很容易被外部因素大乱阵脚，那么我与你分享的过程，以及规划最高收益活动的过程，都纯粹是浪费时间。如果你永远不执行计划，战略计划就只是纸上谈兵。我知道，当许多更容易完成的事情来干扰时，坚持去做计划中的事情并非轻而易举。但是，你必须先做重要的事情。‘成功人士习惯于做失败者不喜欢做的事情，’思想家E. M. 格雷曾这样说过，‘他们也不一定喜欢做这些事情，但是他们坚决服从目标。’作家赫胥黎也得出过类似的结论：‘也许全部教育最有价值的结果就是获得一种能力，即不管你喜欢与否，都能说服自己去做必做之事的能力。’”

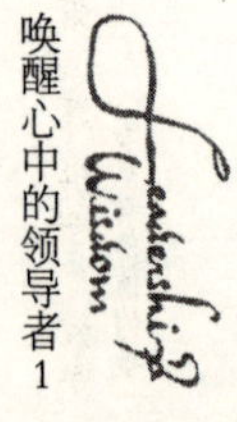

“真是些精辟的理论。”

“这就是关于自律与勇气的全部精髓——做不得不做之事，即使我们不喜欢。推迟那些轻而易举之事，选择做那些正确且真正重要的事情。但我并不是说你不该灵活掌握。如果发生了意想不到的情况，而且在当时特定的环境下，处理这件事能最充分地利用时间，那就无论如何也该先处理这一突发情况。就像我们在讨论如何处理变革时所说的，对于高瞻远瞩的领导力来说，灵活性是最重要的素质。但是要确保在大多数情况下，你把时间分配在最有价值和最正确的事情上。”

“那么，还是回到智慧领导力的时间模型上来。我只需写下每周的目标，将其纳入我的日程计划，然后具备遵循计划完成的勇气和自律精神，就够了吗？”

“是，也不是。”

“拜托，我是认真的，我确实非常想学会这个过程。我有种感觉，那些圣人确实发现了非常有效的方法。”

“之所以说是，是因为你必须把每周目标写入你的计划中。之所以说不是，是因为实际情况要比这稍微复杂一点儿——把每周要取得的小小胜利写入计划中，我称之为战略时间模块。”

战略时间模块

“这是一种全新的方法，可以确保完成你设定的每周目标。这也是一个伟大的方法，可以帮助你培养一个伟大的领导者所需的自律品质，你应该非常需要这种品质，但可能没有完全具备。战略时间模块将极大地提高你的个人效率，使你的生产率发生革命性的变化。大多数领导者都深受一种致命疾病所困扰，知道是什么吗？”

“不知道。”

“我说的这种疾病被人们称为‘注意力稀释’，这是已知对人类最具威胁的疾病之一。如果领导者的注意力被稀释，他们将试图为所有人做所有的事，结果他们一事无成。由于稀释了注意力，试图同时做许多不同的事情，他们成为自身良好用意的受害者。专注有价值的事情，而且只关注有价值的事情，将提升你的领导力。这会使你做所有你想做的事情，完成所有梦想完成的事业。战略时间模块可以为你保驾护航。”

“好吧，那我应该怎么做呢?”

“你需要做的第一件事，就是根据不同的关注领域，为一周中的每一天分配任务。这就像根据每天的主题建造一个铸模，然后将相关的活动倒入其中。如果你按这种思路做事，你就不会把每天的时间浪费在上百件琐事中。相反，你会每天专注于一个特定的领域，然后将时间投入其中。例如，周一可以专门用来处理与员工有关的事务和问题，你可以把周一定义为‘人际关系日’。然后确保与这一主题有关的所有每周目标都要在这天完成，不要思考任何销售问题或者与新产品开发有关的工作。然后，你可以把周二定为‘商业开发日’。同样，这一天应该严格开展与开发新业务有关的活动。周三可以留作处理与市场营销或财务有关的事务，周四可以是你的开放日，这意味着你可以自由地处理任何突然出现的危机，或者处理日常管理事务，或者与任何需要见你的人会面。”

“那周五呢，我该怎么安排这一天的活动?”

“你可以安排周五关注任何你想关注的有价值的领域。正如我已经说过的，你需要掌握设计每周工作的艺术，将其打造为最适合你的安排。让时间成为你的仆人而非主人。不过，我给你的建议是，把周五设定为你的充电日，暂时把其他事情放在一边，恢复你的领导力，重塑作为执行官的自我。你可以用来进行战略性思考，或者设计公司的远大未来；可以用来准备和计划未来将要完成的事务；可以用来参加领导力研讨会，或者咨询个人发展顾问；你也可以在这一天阅读那些订阅的出版物或者深入学习热门的最新管理书籍，这会为你提供一些新思想，有助于你把远见科技提升到新的水平；或者，你也可以利用这一天与管理团队来一场头脑风暴。采用我推荐给你的时间领导方法，你的良苦用心终将会转化为切实可见的结果。你是否领悟了战略时间模块的精髓了？”

“开始领悟了。通过运用这一概念，我的时间可以集中在有价值的事情上。正如你和那些伟大的思想家所说的，集中精力去做有价值的事情，是提高做事效率的秘诀。这个方法真是太有吸引力了，我已经等不及想马上实践了。”

“那么，我来总结一下，”朱利安插话道，“智慧领导力的时间模式总共有5个步骤：首先，你必须进行每周的计划，预留出一段时间，例如周日晚上，思考你的愿景规划。你设计的目标就如同你的个人灯塔，为你指明道路，使你保持正确的航向；步骤2要求你回顾年度胜利，即你决定当年要完成的目标，这会使你不断向前；步骤3是构想出一系列的每周目标，或者说你在下一周要完成的短期目标；一旦你具备了每周目标，接下来的步骤4要求你将其应用到你的日程安排中，这时可以参照战略时间模块。将这一周的每一天都设定一个特定的专属领域，在特定的一天安排特定类型的事务，而且确保按时完成。一旦你这样执行了三四周之后，你会发现这一程序其实非常简单。”

“还有步骤5呢？”

“步骤5就是拉曼所说的‘定期沉思’。沉思是智慧之母，彼得，永远不要忘记这一点。而拥有了智慧之后，你就可以做出更明智的选择，这反过来会使你的生活和工作更精彩。每个周日的晚上，当你计划下一周的活动时，花一点儿时间，反思刚刚过去的一周。这样你不仅可以在下一周更加有效率，而且也会更加了解自己。”

“大多数人不都很了解自己吗?”

“并非如此。对于自身的优点或缺点，大多数人其实心里并不是很清楚。因此，他们一而再、再而三地犯同样的错误，整个一生都是如此。花一点儿时间反思你的领导方式和生活方式，你将会避免大部分的错误，你作为领导者的能力会不断提高，而且做人的素质也不断提升。记住，我的朋友，‘人非圣贤，孰能无过’。犯错会使我们变得更加成熟、更加睿智。但是，如果一个人不断地犯同样的错误，那就确实有问题了，这说明此人显然缺乏智慧。因此，你要学会利用过去的错误，赢取未来的成功，使历史为未来服务。这同样也是有效生活的基本原则之一。定期的反思将帮助你形成良好的习惯，正如塞内加说过的，‘只要活着，就要学习如何生活’。”

夜幕已经降临，唯一能听到的声音就是那些青蛙与蟋蟀的叫声。我非常喜欢与朱利安在一起的夜晚，两个老朋友，静静地坐在繁星闪烁的夜空下，分享着彼此的快乐，畅谈领导力与人生的话题。我反思，为什么自己之前没有考虑过这些问题呢？难道是因为我确实太忙，以至于根本没有时间思考这些真正意义重大的问题?

自从朱利安第一次出现在我办公室外的玫瑰花园以来，远见科技公司发生了翻天覆地的变化。喜马拉雅山的那些圣人与朱利安分享的领导力智慧，使我们公司焕然一新。

“你为什么总盯着那颗星星看啊?”我看到他再次凝视着天空中那颗最亮的星星，“你说过会告诉我原因的。”

“我会的，但现在还不是时候。很快就会告诉你的，因为拉曼的领导力系统的学习我们已经接近尾声。现在，我只能告诉你，那颗星星是我的好朋友。你知道，我这一生经历过许多大风大浪，尤其是突发心脏病之后的那几年，波折不断。对我来说，离开公司是一个艰难的抉择，我抛弃了很多东西。”

“比如那辆拉风的法拉利。”我打趣道。

“比如那辆法拉利。”朱利安表示同意，“那颗星星伴随我走过了那段蹉跎岁月。”

我依然不明白朱利安的话是什么意思，但我能感觉到他现在不愿意解释他与那颗星星的关系，我决定不强人所难。

那天晚上，当我回家爬上床，偎依在萨曼莎身边时，思绪依然停留在朱利安身上。作为一个人，他经历的转变简直是一个奇迹。我现在意识到，作为一个领导者，我正在经历的转变也会让人刮目相看。

我伸手打开台灯，凝视着放在眼镜旁边那个木头做的小东西。在我离开军事基地前，朱利安亲手把它送给我。这也是一个拼图，这一次，我还是无法参透雕刻在上面的图案是什么，只看清了上面那句看起来很简单的话——自我：领导者领导自我。

朱利安的智慧概览

仪式

○ 专注有价值的事

本质

○ 关于个人效率的仪式

智慧

○ 提高个人效率的秘诀在于关注目标。

○ 做事的艺术在于知道哪些事不需要做。

○ 如果你不能领导时间，时间将领导你。

○ 如果你最重要的事情没有进入你的计划表，那么别人的重要事情就会占满你的计划。

实践

○ 智慧领导力的时间模式

○ 战略时间模块

箴言

> 永远不要忽视每一天的重要性。当你度过一天，也是在度过人生。不要浪费哪怕一天的时间，过去的已成为历史，未来尚属虚幻。而今天，此时此刻，才是你真正拥有的全部。

第 10 章

拼图6 自我

领导者领导自我

高人一等，并不能证明你的高贵。真正的高贵源于超越自我。

古印度谚语

珀西瓦尔山是这一带最高的山峰，许多登山爱好者与冒险家不远千里来挑战。显然，这是本地最难征服的高峰之一。几年前，我一个同事的儿子在一次登山冒险中丧生，他与七个队友被人发现冻死在登山途中，距离顶峰只有大约60米。我始终弄不明白，朱利安为什么想在这个地方和我见面。

我开着我的四驱越野车，小心翼翼地行驶在蜿蜒曲折的高速路上，这条路通往登山基地，游客和旅行者经常光顾这一地区。在路上，我意识到我越来越依赖朱利安的指导。我们的每一次会面不仅充满了极其有效的领导力智慧和经验，同时也是一场又一场的小型冒险，借用朱利安的话说，这些冒险迫使我走出我的“安全区”，而且形成了全新的思维

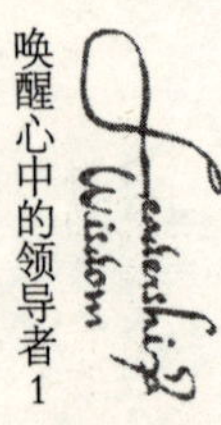

与行动方式。我还意识到，他不会在同一个地方待很长时间，因为我知道，他致力于在全世界传播圣人们的哲学。而且我也知道，当他离开后，我会非常想念他。

我在人群中发现了朱利安。与以往一样，他脸色红润，洋溢着旺盛的精力，散发出健康的气息，而且始终面带微笑。我至今仍然难以相信，这个看起来非常年轻的人真的是朱利安·曼特尔，他曾一度嗜酒如命，疯狂工作，而且在法庭上突发心脏病，差点儿一命呜呼。

“你好啊，彼得！”朱利安的声音还是那样充满激情。“今天可是一个登山的好天气，”他继续说道，然后深深吸入一口凉爽的新鲜空气，“这儿有点儿像喜马拉雅山，让我想起那里的拉曼和我的其他老师。”

“你想念他们吗？”

“非常想念，他们是我所认识的最善良、最睿智的人。他们像对待家人一样对待我，我觉得他们就是我的家人。在那段日子里，在那个美丽的世外桃源，我度过了一生中最美好、最宁静的日子，并得到了智慧。说到这儿，我想起曾经对他们承诺过，在我有生之年，我有义务传播他们关于的领导力智慧，使所有需要这些智慧的人都能够分享到它。我会信守这个承诺的。”

“介意我再问一个问题吗？”

“当然不。”我们一起走到一个小木屋，买了两张登山的缆车票。

“我们为什么要去山顶？”我一边说，一边仰起头，望了望远处的山峰。

“因为我想与你分享另一个领导力智慧，而山顶是学习这一智慧的最好场所。”

当我们乘缆车上山时，我们都没有说话。沿途的美景令人目不暇接，而且安静异常。看到这些大自然的恩赐，我感到身心愉悦，同时也在想，为什么以前没有走出自己那间塞满橡木家具的办公室，经常到户外走走，享受生命的简单愉悦。至少我应该在周末带萨曼莎和孩子们来这里玩玩。

缆车缓缓上升大约半个小时之后，突然停了下来，广播里传出声音，让我们“弃车”，我之前从来没有听到过这种说法，并祈祷永远不要再听到这个词。朱利安显然对这个地方非常熟悉，领着我走在一条覆盖着积雪的小路上，小路两边拴着很粗的绳子。我放心地静静跟在这位朋友后面，我知道他把我的利益放在首位。最终，我们到达了目的地，我看到了一生中从来没见过的景象。

我们站在一片突兀的山脊上，从这里可以眺望整个地区。远处蓝天下，云彩环绕着山峰。此刻，我真希望萨曼莎和孩子们与我在一起，眼前的景象肯定会让他们大吃一惊。在这个天堂般的地方，我内心感到异常平静。我把这种感受告诉了朱利安。

“我知道，我的朋友，我明白你的感受。”

欣赏了一会儿山峰美景之后，朱利安开始向我传授他的智慧。

征服自我，掌控自我

“这一块拼图至关重要，彼得，高瞻远瞩的领导者每天都会实践这一内容。”

“‘领导者领导自我’，这句话的内涵是什么？”我一边问，一边从滑雪夹克的口袋里掏出第六块拼图仔细地看了看。

“这是一项关于自我领导的仪式。自我领导是一切领导力的基础，是所有成功事业与精彩人生的基础。可惜，在这个世界上，自我领导是最容易被忽视的。”

“自我领导与自我提升是一回事吗？”

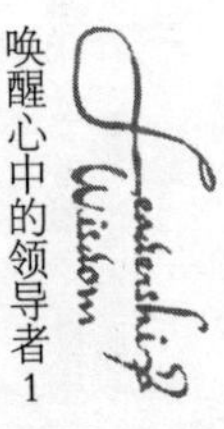

“前者比后者的内涵更加丰富。埃德蒙·希拉里爵士，你知道，就是第一个登上珠穆朗玛峰的人，他曾经说过一句非常深刻的话：‘我征服的不是高峰，而是自我。’这的确就是自我领导的本质——关于征服与掌控自我。”

“有道理。”

“大多数领导者认为，效率和卓越的成就来自外部因素，例如高效的劳动力或者最新科技的应用等。但正如高瞻远瞩的领导者几百年前就已经发现的那样，问题的本质在于内心。卓越源于内在，职场领导力源于自我领导力。”

深深吸了一口高山顶上沁人心脾的空气之后，朱利安继续说：“彼得，如果你从来没能学会领导自我，你怎么能领导好一个组织呢？如果你从来没有学会自我指导的艺术，你怎么能指导好一个团队呢？如果你从来没有磨炼过自我管理的技能，你怎么能管理好别人呢？”

“我的父亲以前经常说，如果你自我感觉不好，就做不好事情。”

“千真万确。歌德也曾经说过类似的话：‘在做任何事之前，你自己必须先了解此事。’如果你每天早上一醒来，感觉心情抑郁、万分沮丧，就不可能使你领导的人精神振奋；如果你自己因为缺乏精力而裹步不前，就不可能领导下属奋勇向前；如果你整天对他们大喊大叫，就永远不能抓住他们的内心，启发他们的思维。记住，在你喜欢一个人之前，你必须首先喜欢自己。外部成功源于内在因素。”

“当我还在法学院时，我最喜欢的一位教授给我讲了一个故事。”朱利安继续说。

一天晚上，父亲在办公室劳累了一天之后，在家里放松地看报纸。他的儿子想让父亲陪他玩耍，不停地缠着他。最后，父亲不耐烦了，从报纸上撕下一张世界地图，然后撕成碎片，

说："给，儿子，玩去吧，把这张地图再拼起来。"希望这件麻烦的事情能让儿子去一边琢磨足够长的时间，好让自己看完报纸。令父亲意外的是，儿子只用了一分钟就把地图完美无缺地拼了起来。惊讶不已的父亲问儿子是如何做到的，儿子笑着说："爸爸，在这张世界地图的反面有一个人，我把这个人拼起来，世界就完整了。"

"所以，我们从中可以学到的经验是，外部的成功其实来自内在的因素。凡事皆源于自我准备，一旦做到了这一点，我们各自的世界就完整了，对吧？"

"是的，彼得，完全正确。"

"你是否在建议我，把征服自我确定为我的主要目标之一？"

"确定为你的誓言。"

"有什么区别？"

"目标是你打算完成的事情，是你计划在未来实现的一个积极的目的。但我从圣人们的身上发现，誓言的含义比这深刻得多。立下誓言意味着，你从内心最深处承诺你会信守许下的诺言。失败不在你的考虑范围之内，通过立下誓言，你将拒绝失败。"

"自我领导真的有那么重要吗？"

"绝对有。所有伟大的思想家都深知这一真理，塞内加说过，'掌控自我是最伟大的掌控艺术'；詹姆斯·艾伦说过，'成败全由自我'；中国古代军事家孙子说过，'知己知彼，百战不殆'；管理大师彼得·德鲁克也说过，'有效管理的自我发展是组织发展的核心，不管是企业、政府机构、研究实验室、医院或是军队，莫不如此，这是提升组织表现的有效途径'。

"看吧，我的朋友，在关于人性本质的所有思想中，最经久不息的法则之一就是我们看到的不是世界的真实面目，而是我们自己的面目。

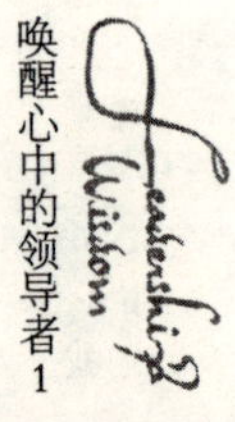

通过提升、改善和自我定义，我们可以从最高、最具启发意义的角度看待世界。通过掌控自我，我们可以从山巅而非深谷的高度，看清这个世界及其提供的无限机遇与潜能。致力于自我完善，提升你为自己设定的个人标准，努力把每件事做得完美。记住，当你为小事设定平庸的标准后，你也会为大事设定平庸的标准。没有什么比有意识地追求个人顶峰业绩的誓言，更能提升个人的能力的了。”

永远不要找借口

我凝视着远方，仔细体会着朱利安的话。以前，我从来没认真思考过自我提升的问题，倒是经常看到有人阅读个人发展方面的书籍，例如《做你想做的人》（*As a Man Thinketh*）、《成功的大学》（*University of Success*）、《思考致富》（*Think and Grow Rich*）、《心理控制术》（*Psycho-Cybernetics*）以及《大生活》（*MegaLiving*）等。我在飞机上经常看到他们捧着这些书看，一副若有所思的样子。“上帝的光辉没有照到这些人身上”，我当时想他们不过是一群可怜虫，可能正遭遇着事业或个人的危机。

我现在意识到，能够有效管理他人的人是聪明的，而能够有效管理自己的人是大彻大悟的人。为了提升组织的表现，任何领导者应该做的第一件事就是提升自我。父亲的话是正确的，如果你自我感觉不好，你就不会把事情做好。如果你的脑子里没有伟大的思想，你就不可能成就伟大的事情。我必须听从朱利安的建议立下一个“誓言”，应该认真考虑自我发展的问题。我必须专注于有价值的事情，省出时间，将我的内心提升到一个全新的高度。

“现在，你知道我为什么带你来这个山顶了吧？要想具备领导别人的能力，你必须先获得领导自己的能力，”朱利安说，“你必须攀登自己的高峰，并努力到达顶点，在攀登的过程中，不断征服自己。对于出现的问题，你不要找任何借口，而应该勇于承担责任。高瞻远瞩的领导者从来不找借口。”

“从不找借口？”我很疑惑。

“当我做诉讼律师时，由于职业原因，有机会盘问几千个证人。不管他们的罪责大小，有一点是共同的，他们都会想出一个借口，把责任推到别人身上。没有一个人会明确地说：‘都是我的错，对不起，真的非常抱歉。’”

“他们都有借口。”

“是的。但是真正聪明的领导者都是控制自我命运的大师。如果公司的士气出现了问题，那说明他们的领导力存在缺陷。他们明白，如果他们与员工的关系缺乏深度和热情，必定是他们自身出现了问题。他们清楚，如果他们的个人工作业绩不理想，那么他们的思想以及采取的行动肯定不值得称道。他们具有的人格魅力使他们意识到，他们最终控制的是他们的未来，他们的外部生活由其内在素质决定。”

“就像登山一样，”朱利安继续充满激情地说道，“你登得越高，看得就越远。你对自己了解得越多，越多地认识到自己作为一个人、一个执行者和领导者的角色，你对世界贡献的价值就越大。据我所知，一个人最可悲的就是不能真正认识自我，不知道自己在一生中能取得何种成就，除非他通过自我控制，有勇气释放全部潜能。这就像华兹华斯的诗歌中写的：‘我们太沉溺于俗世；迟来的或早到的/获得或花费，都是在浪费我们的天赋/我们很少看到的本质，是我们自己/我们已经放弃了内心，只剩下利欲熏心！’所有这些可以归结为简单的一句话：伟大的领导力始于自我领导。”

说完，朱利安走到一个长木凳旁边坐下来，他闭上眼睛，又深深地吸了一口凉爽纯净的空气。暂停片刻，然后继续他热情洋溢的演说。

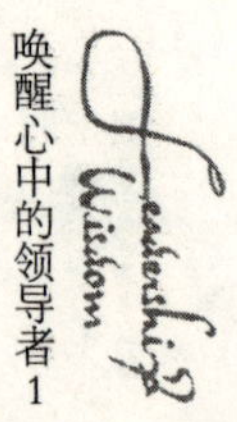

“彼得，我确实非常喜欢这个地方。自我从喜马拉雅山回来后，可能已经来这儿50次了。这里可以使我头脑清醒，使我想到以前与圣人们在一起的安宁平静的生活。尽管他们的节奏从容不迫，但他们依然取得了令人叹为观止的成就。既然我回来了，我不得不承认，我必须避免再次沉迷于现实世界的疯狂节奏中，快节奏的生活是困扰社会的顽疾。”

“我也觉得是，”我回答说，“我是说，我在办公室的节奏也算得上疯狂。大多数时候，我就像一个狂人。你知道吗？我的行政助理阿丽尔已经帮我整理出此后13个月的工作安排了。那么多我必须见的人和必须做的工作，令人难以置信。你与我分享的时间模式已经开始帮我节省出一些时间，使我专注于有价值的事。但尽管如此，我仍然感到压力重重。”

学会自我恢复

“关于自我领导，有五条古老的原则，你的情况正好让我想起第一条。刚到喜马拉雅山时，我仍处于心脏病突发后的恢复期，拉曼看到我的状态很差，就传授给我一系列的智慧与技巧，帮助我恢复内心世界的安宁。当我用了这些方法后，毫不夸张地说，效果十分显著。我恢复了内心的宁静，这感觉甚至比做企业界的超级巨星更好。我开始学会控制焦虑，精力得到极大的恢复，重新体会到了在哈佛法学院读书时的感觉，体会到了曾经一度丢失的指点江山的豪情壮志，那时的我就像一个满怀理想的孩子。”

“确实如此，”我笑着说，“那天我看到你站在玫瑰园里时，感觉你就像一个孩子。你的转变真是太惊人了，真想听听你是怎么做到的。自我领导力的第一条原则是什么呢？”

“第一条是自我恢复的原则。高瞻远瞩的领导者都会定期给自己充电，他们抽时间恢复体力，补充精力。我们生活在一个信息膨胀的时代，在这样一个疯狂的时代里，各行各业的领导者被迫以有限的精力做大量的工作，他们不得不采取更有效的工作方法，使速度更快、效率更高。你被迫保持这种近乎疯狂的工作节奏，只是为了跟上竞争的步伐，但是这会让你感觉精疲力竭，影响到你的思考、感受和表现。但是，你要记住一件事，使你效率降低、使你在一天结束时感觉筋疲力尽的真正原因并不是快节奏。”

“不是吗?”

“不是。更重要的原因是当大多数领导者面临不可避免的压力时，他们没有采取措施来缓解压力。正如我之前告诉你的，有些焦虑总是与变化有关，而变化是当今商业界中的主导力量。为了在这个新经济环境中脱颖而出，你必须更努力地工作，追求更远大的目标，但如果劳累过度，美德也会造成不好的影响，因此需要劳逸结合。最好的方法是进行自我恢复活动，定期缓解压力。正如中国古代哲学家老子所言，‘造化无尽，生生不息’，坚持定期缓解压力，会使你保持高水平的精力和创造力，并且能够坚持更长时间。所以，我建议你每周过一个‘安息日’。”

“什么叫‘安息日’?”

“古时候，每当一周最后一个工作日结束的时候，人们都要反思总结，这一天就称做安息日，人们用来休息、走亲访友、发展个人爱好或者放松精神。这样，在开始全新的一周时，会感觉精力充沛、热情饱满、信心十足，准备好了应对工作中不可避免的各种挑战。可悲的是，这一传统已经丢失。因为多数人认为，不间断的工作才是追求卓越的唯一途径。只有当他们饱受溃疡、偏头痛和心脏病的困扰时，他们才会清醒，才开始改变他们的工作和生活方式。不幸的是，往往为时已晚。相信我，亲爱的朋友，我对此有亲身体会。”

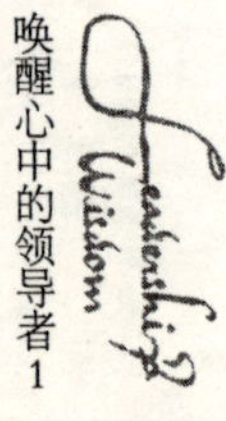

“所以我建议，”朱利安继续说，“你每周指定一段时间用来恢复体力和精力。你用于充电的时间绝对不会浪费，这是取得优异业绩的必要条件。休养事关重新创造，将时间花在休养生息上，将会使你成为更强大、更聪明、更出色的领导者。林肯很好地领悟了这个道理，他曾说过：‘如果我有8个小时去砍一棵树，我会拿出其中的6个小时来把斧子磨锋利。’”

“你是说我基本不休假也没有定期的休息日，这种工作方式就像整天开着我的宝马车，但从来不停车加油一样，对吗？”

“是的。这肯定不是一个好方法，是吧？”

“我同意。但是，我怎么才能抽出这样的时间呢？”

“我已经告诉你秘诀了。”

“是吗？”

“当我们在军事基地见面时，我与你分享过智慧领导力的时间模式以及战略时间模块，你要把这些应用到实践中啊。我知道你已经开始实践周日之夜的计划，并且努力将其仪式化。你可以确保在寂静的时间仔细计划你的每周目标，从中拿出至少一个小时用来过你的安息日。从长期看，这会给你带来丰厚的回报，尤其是在有效思考与解决问题方面，非常适合培养你的领导者素质。”

“真的吗？”

“当然了。笛卡尔许多重要的发现都是躺在床上放松时得到的灵感；牛顿构思出万有引力定律时，正在一棵苹果树下沉思；阿基米德在泡热水澡时，突然想到了流体静力定律；而莫扎特在玩台球的时候，谱写了他最著名的曲子之一。除此之外，甚至缝纫机的发明也是在一次偶然的机会中。”

“哦？”

“伊莱亚斯·豪是曼彻斯特的一个工具制造商，有一天，他做了一个非常奇怪的梦。在梦里，一个人对他穷追不舍，而且手里还拿着一根长矛，矛头上有一个小洞。这使他灵机一动，发明了后来风靡全球的缝纫机。想想看，如果这些具有远大目光的人不理解放松精神的力量，世界上将会失去多少重大发明啊！”

“是的，朱利安，我想象得出，”我回答道，“你能不能提示一下，在我的安息日该做些什么事情呢?”

“比如逛逛旧书店，既可以浏览名著，又可以享受一下独处的时光。也可以去做个按摩，或者在周日早上去看日出。带上你那些可爱的孩子们去远足，或者周六下午独自去海边坐坐，静静地看着浪花拍打岩石。不要为所谓的大事过于忙碌，忽视了人生中简单的愉悦。不要只为了谋生而忙碌，忘记了如何生活。”

丰富自己的知识

朱利安的话犹如一声惊雷，惊醒了一直懵懵懂懂的我，他的话千真万确。我以前过着混乱、失控的生活。诚然，勤奋是成功的必要因素，连朱利安也赞成这一真理。但是，随着远见科技市场份额和士气的下降，我一直处在极大的压力之下，这甚至影响到了我的健康。我意识到，我一直在超负荷工作，我关注更多的是花在办公室里的时间，而不是取得的效果。我总是感到筋疲力尽，脾气比以往更加暴躁，而且晚上很少能睡好觉。我的生活就像在进行短跑冲刺，从来抽不出时间读一本好书，或者在周末看看日落，我错过了生命中一些最美丽的东西。我发誓，我要改变。我的员工应该拥有一个更冷静的领导者，贤惠的妻子应该拥有一个更好的丈夫，可爱的孩子们应该有一个更好的父亲，而我，值得拥有更多的宁静。

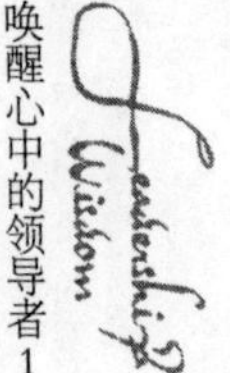

“自我领导的第二个原则是什么?”我打断自己的思绪，问朱利安。

“丰富自己的知识。拉曼认为，实用的知识可能是最大的力量来源，每个领导者都应该每天拿出至少半小时的时间读书。书籍可以让你牢牢掌握重要的领导力原则，人们往往在忙碌的日常生活中忽视了这些原则。每天半小时的阅读会使你的生活发生极大的变化，你面临的每一个问题都可以在书中找到答案。无论你想成为一个更好的领导者、思想者、父亲或者高尔夫球手，肯定有一本书可以帮助你实现这些目标。你可能在未来生活中犯的所有错误，前人都已经有过类似的教训。你真的认为，你面临的挑战是独一无二的吗？”

“不。”

“那就学会吸取前人的教训，以免重蹈覆辙。想想看，书籍可以让你领略到古往今来最伟大智者的思想。花几个小时读一读甘地自传或者丘吉尔的传记，你会学习到他们花几十年时间总结而成的领导力经验，你会逐渐理解他们所遵循的原则，以及他们解决问题的方法；阅读关于有效管理与个人掌控的书籍，你会发现那些久经时间考验的方法，可以用更少的时间完成更多的任务；阅读哲学方面的著作，不断地接触伟大哲学家、思想家的创意，你会逐渐领悟永恒的自然与人性法则。正如拉曼曾经告诉我的，‘不要幻想问题会减少，多寻找更睿智的解决方法吧’。”

“太精彩了！”

“我建议你每天阅读半小时，目的是让你应用交往原则。”

“这是什么？”

“这一原则是说，从现在起五年之后，你将成为哪种类型的领导者、拥有什么样的性格，将主要取决于两方面的影响：你阅读的书与你交往的人。多阅读伟人们写的书籍，以此与他们神交。只需一句话，拿破仑·希尔或戴尔·卡内基就会成为你的私人成功培训师，这种感觉如何？让富兰克林、爱迪生或‘电话之父’贝尔告诉你关于创新思维与伟大发明的根本原则，你意下如何？让林肯坐在你的身边，随时教你领导力战略，或者让特蕾莎修女陪你待在书房，随时与你分享关于耐心与激情的价值，你觉得怎样？这就是书籍的力量。这些拥有丰功伟绩的人们，他们的全部智慧都浓缩在书籍的每一页里。经常与他们交往，可以提升你的思想水平，甚至达到与他们相同的高度。”

“这就好比，如果一个中等水平的网球手经常与高手练习，也将会打出高水平的比赛一样。”

“比喻很恰当。记住，阅读的意义不在于你从书里读到了什么，而在于书籍使你释放出了什么。我也建议你多利用一些现代的知识与智慧，它们也随手可得。”

“例如?”

“例如录音带。你知道吗，如果你每天上班路上要花 30 分钟，一年就相当于 6 个星期的 8 小时工作日。”

“这么说，我每年花在上下班路上的时间就是一个半月，真让人难以置信。”

“知道这个惊人的数字后，你确实应该在上下班途中，在车里听一听教育或励志方面的磁带。每天早上来到公司，你的员工们都会发现你有了显著不同；而每天晚上回到家里，你的家人也会发现你发生了变化。为什么不在上下班途中吸收为你的思想提供养料的信息？我保证这些信息会给你的生活增添价值。设定一个目标，例如每个星期至少听一本有声读物或一盘录音带。你也可以参加个人发展研讨班，使你的知识更加丰富。同时，鼓励你的员工也进行这样的锻炼，让自我领导力的力量传遍组织的每个角落，将企业文化转变为顶级业绩。”

“那网络呢?”

“这也是一个非常好的途径，可以使你轻松获得任何需要的信息。正如我之前所说，致力于成为一个终身学习者。学习并不止于你通过最后一次考试时，相反，应该活到老，学到老。”

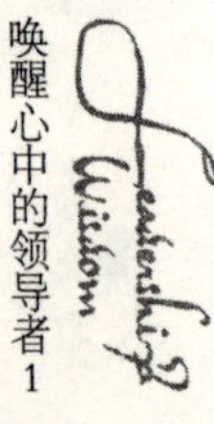

爱护你的身体

“那么，为了培养自我领导力，我需要遵循的下一个原则是什么？我非常喜欢你刚才对我说的那些建议，已经迫不及待地想试试了。我以前用来阅读的时间比现在多得多，我知道多读书会使人拥有更好的思维方式，可以使人心智健全。不得不承认，如果我在读完这个世界上所有伟大的作品之前去世，那将是我莫大的遗憾。”

“说得好，”朱利安说，“第三个原则就是锻炼身体原则——要像爱护心灵一样爱护你的身体。聪明的领导者都是高效的领导者，而高效的领导者需要旺盛的精力、活力和动力，这些都仰赖良好的身体条件。你必须经常锻炼身体，合理饮食。一周有168个小时，你可以抽出几个小时，去游游泳、做做操或者跑跑步。”

“你知道，我早就想恢复体形了。大学时，我可是田径场上的明星。”

“我还真不知道。”

“以前，我经常锻炼身体。我知道，如果中午去游二三十分钟泳，我的感觉、行动和思考方式会改善很多。我刚刚看完曼德拉的自传。”

“他是一个高瞻远瞩的领导者，罕有可与之媲美者。”

“没错。你知道他喜欢的锻炼项目是什么吗？”

“我知道他以前经常早起散步。”

“那是他晚年的习惯。年轻时，为了保持最佳的身体状态，他经常拳击，显然他极其喜欢这项运动。他说，拳击使他犹如重生一般，使他完全沉浸其中，毫无挣扎之感。他写道：‘经过一晚上的练习之后，第二天早晨醒来，我会感到精神抖擞、精力旺盛，可以重新投入到战斗当中。’

“就像我刚才说的，聪明的领导者知道，爱护身体同时也是爱护心灵。我的母校进行过一项调查，访问了 17 000 名哈佛毕业生，结果发现，每锻炼 1 个小时可以延长 3 个小时的寿命。现在你明白了，锻炼是一项物超所值的投资。那么，你还等什么呢？现在就是恢复顶峰状态的时候了。喜马拉雅山的圣人说：‘不抽时间锻炼的人最终必定浪费更多的时间看病。’”

“你觉得什么样的锻炼方式最好？”

“这取决于你自己。找一个你觉得有意思的运动项目。就我而言，我喜欢散步。散步看似简单，但对健康大有裨益，而且很有趣。世界上许多富有创造力的人都喜欢散步。当狄更斯感到没有写作灵感时，他就在深夜的伦敦街头散步。日复一日，他漫步于街头，观察街上的人间百态。他看到许多年幼的儿童为了微乎其微的报酬而劳作，有时甚至没有报酬，这使他深受困扰。他决心揭露这一问题，并因此重新找到了创作的灵感，促成他写就了名篇《圣诞颂歌》。”

“太有意思了。”

“瑞士设计师乔治·德·梅斯特拉在深山中走了很长的路之后，发明了维可牢尼龙搭扣。他在深山步行时注意到，他的狗身上挂满了牛蒡。当他在显微镜下仔细观察这些牛蒡时，他发现它们由几百个微小的钩子构成，使它们可以牢牢地黏附在皮毛上。他突然意识到，这种方式比拉链更加有效，并最终制造出了世界上第一个维可牢尼龙搭扣。我要说的是，散步是一种非常好的方式，既可以恢复你的精力，也可以锻炼你的身体，所有伟大的思想家都深知这一点。拉曼曾笑着对我说“‘我身边总是带着两个医生，我的右腿和我的左腿。’”

不再睡懒觉

“你还建议我要合理饮食，这句话是什么意思？”

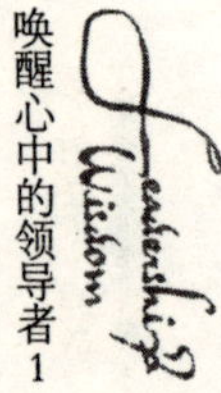

“喜马拉雅山上的圣人们知道，你吃的食物的质量影响你思维的质量。众所周知，在这个信息时代，丰富的创意是成功的基石。我们已经进入了知识经济时代，在这种环境下，智力资本在市场中具有最高的价值。如果你也认为所吃的食物会影响你的思考能力，那么吃得好就不仅仅是有利健康的行为，它也有利于商业成功。”

“谁会想到，我每天中午狼吞虎咽的垃圾食品会影响我的成功?”

“当然，确实会。你中午吃了牛排和炸薯条之后，仍然会感觉很累，是吧?”

“是的。”

“你对食物的选择既影响了你的创造力，也降低了你的生产率。不仅是你，你公司许多员工也在吃这些食品，想想这种午餐对你们造成的恶劣影响吧，所以我才说要合理饮食。制定一份营养丰富的食谱，多吃蔬菜和水果，多喝水，吃饭不要过量。良好的健康也有助于解决你一直抱怨的睡眠问题。这就引出自我领导的第四条原则，即早起原则。”

“我不喜欢这个原则。”

“早起一直是古今伟人们的共同习惯。在商业、艺术、军事和科学界，高瞻远瞩的领导者意识到，如果你不能驾驭生活，生活就会驾驭你。你必须赢得与赖床间的战斗，应该起得比任何人都早。享受每天黎明时的万籁俱寂吧，沐浴在清晨的第一缕阳光之中，否则，一天的工作开始之后，忙碌的事件就占据了你的注意力。圣人们认为，一天之计在于晨。他们相信，每天醒来后的半小时决定了你一整天的状态，所以必须利用好这半小时。

“早起，你会成为自己时间的主人，而非奴隶。爱迪生养成了非常勤奋的工作习惯，这使他一生中共拥有 1 093 项发明专利。他曾经说：‘睡眠就像药片，一次吃太多会让你昏昏沉沉。你可能因此失去时间、精力和机会。’富兰克林则说：‘当我们躺在坟墓里时，有的是时间睡觉。’”

“这话听起来有点极端啊。我们难道不需要睡眠吗？”

“当然需要。但问题在于，很多人的睡眠时间远远超过人体所需。他们养成了睡懒觉的习惯，而且还声称如果睡不够，身体就吃不消。你想听一听人们不肯早起的真正原因吗？”

“当然。”

“他们不愿早起，是因为不知道起来以后干什么，他们缺乏可以鼓舞生活的充满激情的目标，所以他们只能睡觉。之前我说过，目标是人类已知最伟大的激励因素，缺乏精力的人通常缺乏具有动力的目标。甘地每天只睡四个小时，他的使命是将人民从奴役的锁链下解放出来，这一神圣的使命为他提供了足够的动力，促使他勇往直前。许多富有的工业家创建了南非这个伟大的国家，曼德拉就是其中之一。永远不要忘记，你的精力水平与你的目标有着紧密的联系。”

“所以，当我为自己信仰的目标拼搏时，自然会有更旺盛的精力，不会总是感到疲劳，是吧？”

“没错。而且有足够的动力使你早起，因为你对自己的目标和正在从事的工作充满激情。这引出了第五条也是最后一条自我领导的原则——临终意识原则。”

为自己举行葬礼

“听起来让人毛骨悚然。”

“没有必要害怕，因为这完全是关于生命的。根据一个古老的传说，印度曾经有一个王公，他每天早晨醒来后都会进行一项奇特的仪式——举行自己的葬礼。他在四周布满鲜花，奏起音乐，同时大声吟唱：‘我的人生很美满，我的人生很美满。’”

“真是个怪人。”

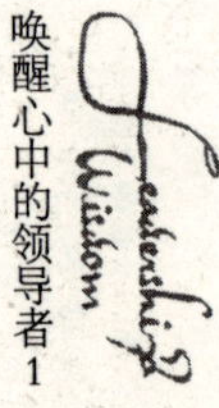

“第一次听到这个故事的时候，我也这么想。但随后我意识到，这个王公很不简单。我们每个人每天早上起床后都需要做一件事，而他找到了自己的方式来做这件事。”

“什么事?”我依然不明白这个王公的奇特仪式有什么目的。

“与我们的宿命相关。大多数人总是以为一生的时间无限长。我们总是指望下一周去探索新领域，拖延到下个月学习新技能，等到下一年才开始改善我们的健康，或者多花点儿时间陪孩子。但是眼前，我们总是告诉自己，手头有太多需要立即处理的事情，再也抽不出时间做别的事情了。”

“我还是不太明白王公究竟在做什么。”我坦白地说。

“每天举行自己的葬礼，他其实在提醒自己人生短暂，他在纪念这迟早会来的一天。每天都可能是生命中的最后一天，因此每一天他都充满了紧迫感、动力和激情，而这些正是大多数领导者所缺少的。通过时时提醒自己人生短暂，他确保每一天都过得美满，从不拖延任何重要的事情。每一天都要过得丰富且有意义，来纪念生命本身的恩赐。我们在平淡地度过每一天时，总感觉以后的日子无限长，我敢肯定你也这么想。我们为琐事而烦恼、担忧，我们对过去的失败耿耿于怀，对未来的事情杞人忧天。等到了弥留之际，当我们回首那些没有追求的梦想，没有培养的亲情，没有探索的冒险，以及那些睡过去的早晨时，我们的心中充满了懊悔。我发现一件非常具有讽刺意味的事情，人们总是说他们愿意放弃任何事情，来换取多一点儿的生命，但与此同时他们却对目前拥有的生命挥霍无度。”

“的确如此。我完全明白你的意思，朱利安。当我看到自己的孩子们时，简直不敢相信时间竟然过得这么快。克里斯托弗马上就 11 岁了，而艾略特也快 14 岁了。然而想起来，好像我昨天还在给他们唱歌，哄他们睡觉。我还想做许多事情，但一直没有时间去做，时间就这样飞快地溜走了。”

“时间不会为任何人停留，不要再浪费时间羡慕别人的成功，花更多的时间关心你自己的未来吧。要知道，空想别人的成功一分钟，就等于耽误自己的成功一分钟。不要再把自己的希望与梦想寄托在第二天，成为你心中认为应该成为的领导者，不要再犹犹豫豫、裹足不前，现在是主动出击的时候了，是在领导过程中冒一定风险的时候了，是向你的员工展示你多么器重他们的时候了，是真正爱你的家庭、为社会奉献的时候了。去做那些你一直想做的事情，不管是学习萨克斯，还是为自己的高尔夫球赛努力。勇于攀登生命的高山，在顶峰领略人生的美景，你将看到别人看不到的风景。就像那个印度王公一样，把每天当成生命的最后一天去生活，否则你会空留一肚子的梦想，遗憾地离开这个世界。”

朱利安随后把手伸进长袍，掏出一件令我意想不到的礼物。这是一卷羊皮纸文稿，由于年代已久，显得有些老旧褶皱。文稿卷着，就像一份大学毕业证书一样，上面绑着一根手工制成的轴。

“给，我的朋友，我一直想把它送给你。我们之间的友谊对我来说非常珍贵，虽然我并没有经常提起这一点。我真的想看你过上快乐、有意义的生活，我觉得这是每个人的权利。这一小卷文稿会帮助你提升领导力，为你的领导之路指明方向，向你揭示伟大的哲理。它里面包含着我所了解的最有意义的人生目标，我希望它会有益于你的个人进步，就如同它对我的帮助一样。”

我立即打开卷轴，研究起上面镌刻着的精致的文字。字体简约优美，是爱默生的名言：

经常微笑，富于爱心；赢得智者的尊重与孩子的喜爱；获得正直批评家的赞赏；欣赏美；具有奉献精神，为世界留下美好的回忆，不管是

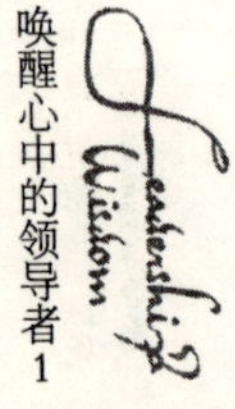

一个健康的孩子，一条鲜花小路，还是重塑了的社会；热情高涨地玩耍与欢笑，尽情地放声歌唱；让另一个生命因你的存在变得更加精彩——这就是成功。

当我们坐上缆车返回登山基地时，我一直在沉思。我学到了自我恢复的原则、丰富知识的原则、锻炼身体的原则、早起原则以及临终意识原则，我毫不怀疑这些原则会极大地改变我的生活。与谋生相比，我现在明白了如何生活。

在那奇妙的一天，一边慢慢地走下雄伟的高山，一边与兴致勃勃的好友欣赏自然美景，我终于意识到，成功其实就是一项“内在工作”，高瞻远瞩的领导力最终都起源于内在领导力。我也终于领悟到，活着本身就是一件伟大的事情，我现在必须以更积极的态度生活。此外，我还明白了，除非我首先释放自己内在的潜能，否则我永远无法真正解放他人的才华。

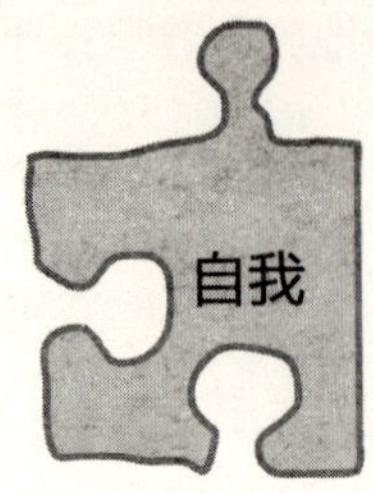

朱利安的智慧概览

仪式
- 领导者领导自我

本质
- 关于自我领导的仪式

智慧
- 所有领导力都源自内心。
- 我们以自己的方式看待世界，而不是以世界的本来面目。
- 没有什么比有意识地追求个人顶峰业绩的誓言，更能帮助提升个人表现的了。
- 当你有能力追求卓越时，不要满足于平庸。

实践
- 自我恢复原则
- 丰富知识原则
- 锻炼身体原则
- 早起原则
- 临终意识原则

箴言

> 不要为谋生而忙忙碌碌，错失了生活的真正乐趣。

第 11 章

拼图7 创新

视所有人所能视，想无人所能想

每天读一些别人读不到的书；
每天想一些别人想不到的事；
人云亦云最可怕。

克里斯托弗·莫利

“我们下一次的见面会非常短。”我和朱利安在登山基地分手时，他说。

“为什么？”我有些失望。

“因为我正准备搬家，我对你的指导已经接近尾声。你已经基本领悟了我讲的领导智慧，你真是个出色的学生。毫无疑问，远见科技公司在你的领导之下，将会史无前例地繁荣昌盛。更重要的是，你现在已经学会了怎样过好自己的生活。”

“你要搬去哪里？”

“还有一个人急需我的帮助，我要去那里。”

“你要离开你在森林里的那个小木屋吗？那里有你的一切啊。”

“我不得不离开一段时间。但也许几个月之后，你又会看到我站在你的玫瑰园里，谁知道呢。”朱利安笑着说道。

我以前从来没有接受过朱利安式的指导课程，在几次会面中，他促使我探索新的思考方式，帮助我评估我的做事方法。他敦促我深入挖掘、思考我的本质——不仅作为领导者，也作为一个人的本质。与他在一起的那些天，他与我分享了珍贵的领导智慧，这些智慧让我感觉精力充沛、斗志昂扬。我在心中默默祈祷，希望不久之后我们还会再次重逢。我真想有机会为他做点儿事情，作为我对他的回报。

我驱车驶离干道，拐入一个绿树围绕的小区，这里住着很多中产阶级家庭。在一栋栋房子之间，我发现了自己的目的地——百年纪念小学，这是全美闻名的教育机构之一，培养了许多天才。各地的教育者慕名而来，学习这里新颖的教育方法。这里的老师也为能在这所小学教书感到非常荣幸。尽管这里的学生都不满 10 岁，但老师们不断鼓励他们拓展才能，敢于梦想。每个家长都希望自己的孩子能有幸进入这样的学校学习。

朱利安已经到了，正在操场中央与梅普尔斯女士交谈，她就是这所著名小学的校长。他们正在谈论当前的教育状况，她认为学校应该更多地关注学生的性格培养。虽然朱利安穿着长袍和便鞋，但女校长好像一点儿也不介意。她似乎认识朱利安，一直面带笑容跟他说话。

“嗨，彼得！”我一走进操场，朱利安就高兴地大声叫我。孩子们刚刚下课，正涌向操场进行课间活动。“我想为你介绍一位好朋友，米尔德丽德·梅普尔斯女士。”

“很荣幸认识您，米尔德丽德，”我说着伸出了手，“经常在电视上看到您。”

“认识你，我也很高兴，彼得。我也经常听到你的故事，常在报纸上看到关于你和贵公司的报道，你可谓成功人士啊。”

“遗憾的是，那都是昨日辉煌了。我们目前遇到了一些问题，导致我们困难重重。说到这个，朱利安确实帮了我大忙，使形势发生了好转。现在，我像是在经营一家全新的公司。希望您不介意我的自夸，但我想您将再次看到许多关于我们公司的报道。”

“非常期待。”梅普尔斯女士礼貌地回答说。

“我能不能问一下，两位是怎么认识的？”

他俩都咯咯地笑起来。“米尔德丽德的丈夫是当地保时捷经销商的老板，我从他那儿买的保时捷，”朱利安回答说，“所以认识了他，在交往过程中，有幸认识了米尔德丽德。你开车过来的时候，我们正在回忆我的车。”

“我真想看你穿着僧袍，开着保时捷在路上狂飙的样子，”米尔德丽德说，“那一定非常有趣。不管怎么说，非常高兴再次见到你，我到现在仍然难忘你当初的风采。从事小学教育将近30年来，如果说我培养起了什么信念，那就是我们都有能力创造生活的奇迹。我先告退，你们聊。有空来车行看看，朱利安。杰克见到你时肯定会大吃一惊。”说完，她往校长办公室走去。

唤醒沉睡的创造力

“有空会去的。”朱利安笑着回答说，然后转向我。“现在，我们进行到哪儿了？哦，对了，该第七项仪式了。”

“上次登山结束时，你忘记给我下一块拼图了。真是让我好一阵猜测，整整一周我都在猜想第七块拼图是关于什么方面的。”

“实际上我并没有忘，彼得。我是有意这么安排的，因为这块拼图全部是关于思想的力量的。正如我之前所说，在我们生活的这个信息时代，思想已经超越物质，成为成功的产品。在人类文明的历史长河中，有史以来第一次，公司真正的价值每天早上进入大楼，然后每天晚上离开大楼。每一个组织的财富都蕴藏在组织成员的大脑中。”

“这个说法非常形象生动，我想我很难忘记了。”我笑着说道。

“很好。我希望你不要忘记，因为作为一个有远见的领导者，你的首要任务之一就是唤醒沉睡在员工大脑里的创造力。你必须帮助员工变得更聪明，鼓励他们探索新的思考方式。只有这样，你才能够看到你一直希望出现的状态，率领远见科技成为世界一流企业。”

“但是，他们真的都具有创造潜能吗？我的意思是，你是指我的每个员工都具有创造性的思考能力吗？那我们财务部门的会计或是法律部门的律师呢？他们肯定不是创造型的。”

“他们也是，只是可能从来没有人鼓励他们进行创造，以至于他们的创造力总是处于休眠状态。我自己也曾错误地认为，只有诗人、作家、艺术家和演员是创造型的，但拉曼和其他圣人纠正了我的看法。他们是我见过的最具创造力的人，他们构想出的事情简直令人惊奇。尽管他们生活在与世隔绝的地方，远离现代科技，但他们有新颖别致的工具和机器，帮助他们完成各种工作。你信吗，他们还研究恒星的运动呢。”

“又谈到星星了。你打算什么时候告诉我，你为什么对星星如此着迷？尤其是那颗经常冒出来的最明亮的星星。我简直按捺不住自己的好奇心了，朱利安。”我请求道。

“下次肯定告诉你。至于现在，希望你能理解每个人都具有创造的天赋这一事实。要开始把你的工作场所看做一个巨型的思想工厂，在这里，创造力和创新思维会得到认可与奖励。让你的员工知道，在工作中他们可以冒一定的风险。让他们明白，失败是成功之母，失败并不可怕。尽管有些风险会导致失败，但有些风险同样会带来成功。在组织上下传播这种意识，鼓励创造行为，明确地向员工展示，你现在乐于倾听不同的意见，会理解并实施员工最好的创意。”

“这么说，冒险对创新来说至关重要。”

“确实如此。如果你一只脚还在二垒，就不可能跑到三垒。在当今时代，为了保持竞争力，你和你的经理们必须鼓舞员工的斗志。你们必须让他们充满信心，使他们敢于走出安全区，进入未曾探索过的领域。你必须鼓舞他们成为蝴蝶，而非藤壶①。”

“什么意思?”

“蝴蝶每天都在探索新的风景，飞到新的高度。然而，藤壶牢牢附着在一个狭小的地方，终生不想离开，就像井底之蛙。鼓励员工的冒险精神，即使他们遭遇不可避免的失败，也不要惩罚他们，这样，你就会释放他们的创造力，使他们充分发挥想象力。还记得西南航空公司的故事吗？那个想出创新计划的经理遭到了意想不到的失败，但公司并没有惩罚他。”

“他反而得到了晋升，对吧?”

“你还记得啊。这样的做法肯定能够激发高水平的创造力，能够鼓励组织内的员工敢于冒险。”

“是的，肯定会。那么，创造力的本质在于冒险吗?”

“这只是一方面因素。创造力的本质实际上与思想的原创性有关。给，”朱利安从长袍里掏出了第七块拼图，“拉曼用更贴切的语言概括了这一原则。”

这个拼图上的字迹不易辨认，我靠近仔细看了看，终于看清了上面的字——创新：视所有人所能视，想无人所能想。

“看看周围这些可爱的孩子们吧，他们每一个都是创造力的典范。

① 藤壶是一种附着在海边岩石或船体等坚硬物体上的甲壳纲动物，有石灰质外壳，终生用体内分泌的胶固定在一个地方。——编者注

没有人对他们泼冷水，告诉他们月亮不是奶酪做的，或者圣诞老人并不存在。没有人禁锢他们的梦想，说他们不会成为医生、律师、宇航员或者电影明星。他们心灵清澈，思维纯净。对他们来说，世界充满了无限机会与可能性。仔细地研究他们，观察他们如何尽情地发挥想象力，看他们如何集中全部精力做事。从孩子身上，我们可以学到比从成人身上更多的经验。”

“完全赞同这一点，朱利安。我记得当我的孩子还在蹒跚学步时，我从他们身上学到了很多东西。”

“比如说?”

“我学到了充满好奇、本能以及玩耍的重要性。我想我只是从来没有把学到的这些东西用起来。我知道生活中存在许多种看待问题的方法。”

“是的。一天晚上，拉曼给我讲了一个故事，我想说给你听听。”

一位瑜伽修行者与他的门徒一起坐在喜马拉雅山的山脚下，这位修行者想考考徒弟们，于是在地上画了一条线，让他们想办法把这条线弄短，但又不能擦掉任何部分。徒弟们困惑不解，始终无法想出一个方法，既不碰这条线，又可以把它弄短。只有一个徒弟例外，他走到师父画的线旁，很快在这条线旁边画了一条更长的线。师父笑着说：“孺子可教。”

“无风险”的创新环境

“这样的思维方式就是第七块拼图的精华所在。视所有人所能视，想无人所能想，这就是关于创造力与创新的仪式。它要求你在看待事物的时候，打破传统思维方式的束缚，以便掌握变化莫测的商业世界带来的各种不确定性。简单地说，就是面对老问题时，培养发现新方法的技能，找到更简单的方式来做好你的工作。这种思维方式不是看事物的表面，而是看其本质。它要求你具备足够的领导力，让孩子般的好奇心充满员工的心灵与思维。

“为了在远见科技公司内培养创新精神，你必须意识到，你首要的任务之一是创造这样一种工作环境，在其中，好奇心能得到奖励，新观点被认可为成功的源泉。记住，即使只是一个好主意就完全可以改变你的组织。一个提高生产力或者质量的新方法，就可以使你的底线发生彻底的改观；一个创造性的思维，如果得到执行，或许可以改变公司许多人的生活。这就是创新的真正力量所在——使世界变得更美好。正如著名作家马娅·安杰卢所写，‘如果足够幸运，一个可靠的幻想可以彻底改变100万个现实’。”

“那么，我该从哪里着手？”

“首先，你必须将你手下的每个人都看做艺术家。”

“真的吗？即便是销售人员和运输工人？”

“是的。我说过，意识先于变化，组织内的每一个人都有能力运用想象力创造新观点，如果你不能深刻地意识到这样一个事实，那么远见科技将永远不会变成一个以创新为导向的公司。假如你能明白，所有人都具有像艺术家一样的创造能力，那么人们在鼓励之下，会发挥出身上潜在的巨大的创新能力。”

“看看这些孩子，”朱利安指着操场上欢快地跑来跑去的孩子，“他们完全沉浸在游戏的乐趣当中。那边那个小家伙，弹奏着想象中的吉他，满心以为自己是昨晚在音乐电视频道看到的摇滚歌星。那棵树旁的小女孩，相信自己就是超级英雄，负有拯救世界于危难的神圣责任。你无法说他们不是艺术家、创造者，实际上，他们具有无限的潜能，随时

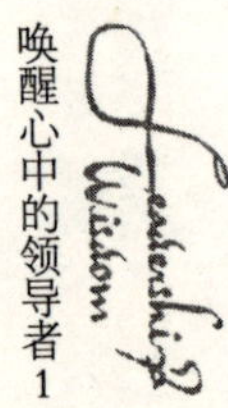

可能产生天才般的创意。”

“你说的没错，但他们毕竟只是一群孩子啊，”我有点异议，“我领导的可是成年人，他们大多似乎没有非凡的思考能力或行动能力。即使建议他们尝试新事物，他们也会满头大汗，担惊受怕。即使新方法比旧方法好一千倍，他们也喜欢恪守传统的做事方法，好像这关系到他们的身家性命。”

“那是谁的错?”朱利安严肃地问道，“记住，你领导的方式告诉了员工他们必须遵循的方法。当你建议他们大胆创新时，如果他们表现得惊慌失措，显然你和你的经理们没有为他们创造一个良好的环境，使他们感到安全，能放心地去探索新观念。也许他们担心的只是一旦失败就会受到严厉惩罚，也许他们束手束脚只是怕遭到别人耻笑。如果你的员工不愿意接受新思想，或者缺乏创新的激情，这都是因为你没有花时间建立一个无风险的工作环境，当人们感到创新有代价时，创造力便无从谈起。”

“那么，我怎样才能创建一个‘无风险’的环境?”

“有许多方法。例如给员工失败的权利和足够的信任，欢迎自发性，奖励原创性思维。让他们表露真实的自我，赋予他们机会让想象力大放异彩。”

“不久前，我读到一篇文章，文中锐步公司的CEO保罗·法尔曼说，锐步的成功秘诀就是给予雇员发挥创造力的自由。‘普通人也能大大地超越自我，前提是允许他们这么做。’”

“就是这样。记住，高瞻远瞩的领导者从来不压制员工的创造力，相反，他们鼓励创新，释放员工的创造力，希望公司成为展现创新动力的运动场，就像我们所在的这个操场。”

朱利安的话音刚落，一勺厚厚的布丁从空中呼啸而来，正好落在他一尘不染的红袍袖子上。罪魁祸首是一个小男孩，当他看到成功打中目标后，咯咯地笑个不停。然后他转身就跑，仿佛使出了吃奶的劲，而且一边跑一边大喊："我打到和尚了！我打到和尚了！我打到和尚了！"

创建"思想的运动场"

朱利安只是站在那里，起初似乎有些惊讶，不久他就恢复了一如既往的平静，伸出手，用一根手指蘸了蘸沿着袖子往下淌的黏糊糊的布丁。"希望是巧克力味的，"他笑着说，"我一直喜欢巧克力口味布丁。"

"这使我想到了另一个关键的问题，是关于在组织内培养创造力的，彼得。"朱利安用我给他的手帕擦掉了剩余的布丁，继续说道，"为了让你的组织成为'思想的运动场'，使你的组织飙升到世界一流水平，你为员工提供的工作环境必须非常有趣。你瞧，人们认为玩耍是孩子们的事情，这是限制创造力的最大障碍之一。这种想法不仅限制了创造力，也增加了工作环境的压抑感。管理者偶尔放下架子，尽情欢笑，这没有什么不好的。工作本就应该充满乐趣。让人们通过工作获得乐趣，这体现出一种杰出的领导力哲学。因为它将证实你的确把员工的利益放在首位，也可以显示出你对他们的关心。德国神学家雨果·拉内说过，'玩耍可以让人具有某种魔力'，而柏拉图也论述过游戏之于人生的重要性。记住，你的下属大多数时间都花在了办公室里，你至少要把办公室收拾成一个舒服的地方。乐趣与笑声是员工的心灵之窗与想象力之门。人们喜欢与热爱自己工作的人做生意。"

"有道理。你还有什么别的方法吗？"

"有几个快捷的方法。例如，鼓励员工为自己设定每周的'创意配额'，形成正式的系统来奖励最好的创意，使员工意识到他们的创造力的确很重要；每个月为不同部门的员工组织户外活动，尽量使这些活动

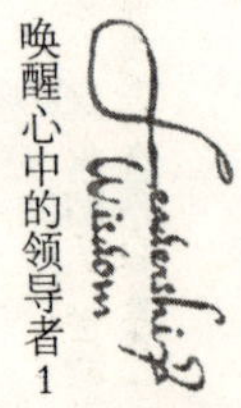

丰富有趣，培养员工的团队合作精神；带员工去喜剧俱乐部或包一场电影，或者举办一个海滩宴会，让他们放松放松。我还建议你建立一个竞赛委员会，这些都是良性循环的开始。”

“竞赛委员会?”

“是的，这个委员会负责设想出各种各样有趣的竞赛，这些竞赛会使你的员工们笑口常开，使他们喜欢在这个公司工作。这是一种提升工作满意度、降低人员流动的好方法。它甚至还可以帮助你赢得更多客户。”

“真的吗?”

“当然。永远不要忘记，如果你能确保员工在工作时舒心，他们也将确保客户在购买时舒心。你是否已经开始看到，积极的工作环境不仅可以提高创造力、激发创新精神，还可以提升公司的底线?”

“看到了。”

“设想一下，‘最丑领带日’，‘最搞笑玩笑周’或者‘免费薄饼日’，这些活动将是多么有趣。每个员工都可以免费品尝你和你的管理团队准备的美味薄饼，这难道不会有益于他们的心灵与精神吗？想象一下，如果生产线上的工人完成一定的生产配额，就允许他们在某个周五下午抽出半个小时的时间，进行一场纸飞行竞赛，这难道不是很有趣吗？我敢打赌，这种方法不仅可以使他们完成配额，甚至可以超额完成。此外，如果你真的想改善对待员工的态度，让他们玩得更开心，你甚至可以来一次‘4-4-5-4-9-8’。”

“什么是‘4-4-5-4-9-8’?”

“这是在你的手机上演奏《生日快乐》歌的按键。在你的员工过生日时，你亲自送上祝福，演奏一下这首曲子，你觉得他们会怎么想?”

“这绝对会让员工非常感动。”

“记住，如果员工在工作的时候，重新发现了孩提时代的乐趣，他们会感觉非常幸福。更具幸福感的员工会更具创造力、生产力和忠诚度。而拥有这样的员工，是每个伟大组织的基础，对吧?”

“完全正确。”

“只需记住，能玩在一起的组织最具凝聚力。”

在黑暗中看到光明

“对了，”朱利安一边说一边陪我往停车的地方走去，孩子们朝我们招手，“你还要时常给自己准备一些好问题。”

“什么意思?”

“为了保持思维的新颖与创造性，有效的提问是最好的方法之一。好的问题有助于你走出安全区，进入未知领域。在未知的领域中，你的观点会发生改变，一切皆有可能。”

“你能提供几个我可以考虑的问题吗?”

“当然。例如，‘如果我知道做这件事万无一失，我会做什么?’或者，‘如果我每周很好地完成三件事，从而可以提升我的领导效率，我会做哪三件事?’然后问自己为何没有去做这些事。当你面临某个难题时，可以问问自己‘如果是肯尼迪、丘吉尔或者孔子，他们会怎么处理这个问题?’为了挑战自己，提升自己的创造力，也许最好的问题是——‘如果可以回到孩提时代，我会如何看待现在的自己?’”

“这个问题非常好，”我轻声地回答，这时我们走到了车边，“我几乎羞于回答这个问题。”

“丰富你的想象力，扩展你的思维。让你的好奇心再次冲出那个狭小的盒子，敢于追求更远大的梦想，设想更美好的未来。尽管你可能会看到商业世界中其他领导者能够看到的事情，但你要开始思考没有人能想到的事情。永远不要忘记，每一位伟大的领导者内心深处，都怀有一

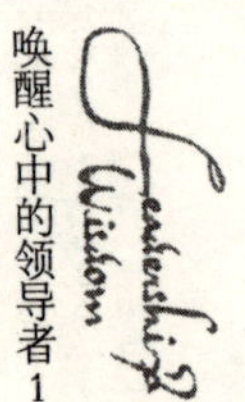

颗孩子的心，他们的心中充满激动与好奇。你的激情、乐观与希望，将在公司逐渐蔓延开来。那些仰仗你领导力的员工，值得你这么做。”

“看来你确实相信，拥有‘希望’的领导者能够改变世界。”

“绝对相信。希望就像燃料，为高瞻远瞩的领导者和有潜力的公司不断提供前进的动力。我想起一位弥留之际的老人说的话：‘我是一个资质平平的人，但我毫不怀疑，如果一个人肯付出我这样的努力，培养同样的希望与信念，他肯定也能获得我这样的成就。’”

“这个老人是不是你以前当律师时认识的某个超级富翁啊？”

“不是，”朱利安停了一会儿，然后回答说，“这是甘地的话。”

“至理名言啊。”我静静地回答说，“说到希望，我记得最近看过一份报纸，里面一篇文章的标题是《瘫痪记者眨眼写书》。”

“真的吗？”

“是的，讲的是让－多米尼克·鲍比的故事，他是法国时尚杂志《世界时装之苑》的前主编。一天早上，他驱车带儿子去城里，途中突发严重的中风，躺在汽车后座上动弹不得。吓坏了的儿子跑出去求助。三个星期后，他从昏迷中醒来，但已经无法说话，并且几乎完全失去了听力，瘫痪在床。他身体的所有部位都已无法动弹——除了一个地方。”

“哪里？”朱利安仔细地听着我的每句话，这时他问道。

“他的左眼皮。由于心怀希望，心态乐观，并且非常想继续做出成绩，让－多米尼克决定，虽然他浑身动弹不得，但他还是要想办法写一本书，与别人分享他从这次悲剧中学到的智慧。他开动脑筋，利用他极具创造性的想象力，想出各种可以实现梦想的方法，最终想出一个方案：创造一种特殊的字母表，用特定的眨眼皮动作代表每个不同的字母。”

“不是开玩笑吧？”

"不，这是千真万确的。"我回答说，"在医院一间黑乎乎的屋子里，一个编辑陪着他，他每天工作三个小时，慢慢地眨眼，以此完成写作。报社估算，让－多米尼克眨眼次数超过20万次，终于创作完这本137页的书稿。人们一致认为，这本书是一部杰作。

"在这本书里，他写下了自己一直想做，但始终未能去做的事情：与环法自行车大赛的车手们攀登阿尔卑斯山；在一级方程式赛车道上驾车驰骋；在一个美丽的夏日享受里昂香肠。他也在书中表达了自己深深的痛苦，因为再也不能抱抱自己年幼的孩子，不能与他们一起玩游戏，不能成为他想成为的人。"

"写完这本书之后，"我继续说，"他创建了一个协会，帮助其他瘫痪患者及其家庭，通过他的榜样力量激励鼓舞其他人，将逆境转变为胜利。可惜的是，让－多米尼克已经去世了，我读的那篇文章实际上是他的讣告。我知道你跟我想的一样，他的行动充分体现了人类精神的力量，这种精神有助于实现我正在追求的目标，就像你一直希望看到的那样。他坚韧不拔的行为，实际上就是'视所有人所能视，想无人所能想'的本质，是吧？"

"是的，彼得，这正是第七块拼图的精华所在。在别人只能看到悲剧的逆境中，看到机会；在别人感到绝望时，看到希望；在别人只看到黑暗时，看到光明。让－多米尼克的故事就是一个绝好的例证，谢谢你与我分享。我一直关注人们通过有意义的事业所能取得的成就，然而让我吃惊的是，多数人只是空等，直到火烧眉毛时——不管是遇到事业还是个人生活中的危机——只有到了这个时候，他们才开始深入探索内心，发现自己的天赋。这确实非常悲哀。"

我上了车，坐在驾驶座上，摇下车窗。朱利安俯身过来，双手撑在膝盖上。

"好吧，我的朋友，我们只剩下一次见面机会了，然后我就会前往

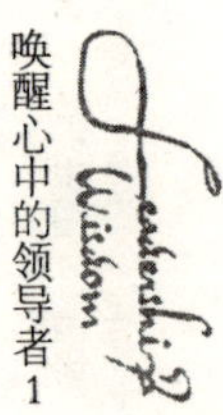

下一个目的地。和你在一起的日子非常开心，看到我的领导智慧对远见科技产生了积极的影响，我非常高兴。”

“真是感激不尽，朱利安。”我诚恳地说道。

“记住把我教给你的经验应用于实践，与你周围所有的人分享圣人们的这些智慧。告诉尽可能多的领导者，把这些知识传授给他们，这就是对我最好的回报了。”

“你忘记什么事了吧？”当朱利安起身走开时，我连忙问道。

“我知道，我知道，你想知道下一次在哪儿见面，对吧？”

“没错，我可不想错过最后一个仪式。”

“我们最后一次见面安排在天文台。午夜时到那儿找我，我要给你看些东西，它将永远改变你对领导力的看法。”

“真的吗？”

“真的。对了，在你走之前，最好带上这个小拼图。我知道你非常喜欢玩拼图玩具。”他冲我眨了眨眼。

朱利安掏出了最后一个拼图玩具，把它轻轻地放在我的手里：“下次见，朋友。”

我看着这位老友赠给我的小礼物，这些拼图玩具对我有着巨大的意义，时刻提醒我学到的那些关于领导力的智慧。跟前面几个拼图一样，第八块拼图的图案也非常模糊，我一时难以看懂。上面有一行同样神秘莫测的字——意义：将领导力与贡献相连。

我马上抬起头，想问他这句话是什么意思，但他已经没有了踪影。整个操场上只剩下了一个人静静地站在我面前，这是一个乖巧的小男孩，默默地看着我，笑个不停。

朱利安的智慧概览

仪式	○ 视所有人所能视，想无人所能想
本质	○ 关于创造力与创新的仪式
智慧	○ 每个人都有创造力。作为高瞻远瞩的领导者，其任务就是创造有利于释放这种自然天赋的工作环境。 ○ 摆脱过时的思维方式的束缚，发现更高效的做事方法。 ○ 允许员工冒险，无需担忧失败。
实践	○ 欢迎自发性，奖励原创思维 ○ 使工作环境充满乐趣，创建一个“思想的运动场” ○ 竞赛委员会 ○ 创造性的提问
箴言	

丰富你的想象力，扩展你的思维。让你的好奇心再次冲出那个狭小的盒子，敢于追求更远大的梦想，设想更美好的未来。尽管你可能会看到商业世界中所有领导者都能看到的事情，但你要开始思考没有人能想到的事情。永远不要忘记，每一位真正伟大的领导者内心深处，都怀有一颗孩子的心，充满激动与好奇。

第 12 章

拼图8 意义

将领导力与贡献相连

难以相信人生的目的是“幸福”。我认为人生的目的是要做一个有用的人，要负责任、充满激情。此外，还要做一个重要的人——值得别人依赖，具有意义，使周围人的生活发生质的改变。

利奥·罗斯顿

我驱车赶到天文台时，时间已经接近午夜。这个天文台坐落在郊区，除了两个将这里当做试验基地的天文学家，平时空无一人。我很快停好车，跑上通往大厅的台阶，朱利安让我到了立即去那儿见他。当晚天气很好，万里无云，只靠肉眼就能看见满天的繁星，我知道朱利安喜欢这样的夜色。

“嗨，彼得。”朱利安迅速和我打了个招呼，注意力又回到他一直在观察的景象上。他一边盯着那架巨型望远镜，一边说：“很高兴你及时赶到了。”

“我无论如何也不会错过这次见面的，我的朋友。我们今晚在等待什么特别的天象吗？”

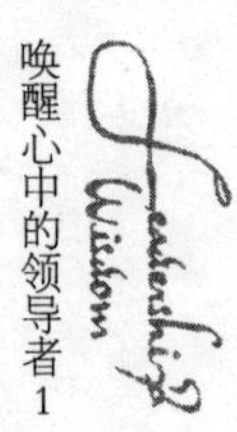

“哦，是的，今天晚上非常特殊，我保证你不会失望。”他的眼睛一直没有离开望远镜。

千年一见的奇观

“告诉你一个好消息，我终于拼出了一幅完整的拼图。”

“那你发现了什么?”

“你每次给我的拼图上面都刻有一个仪式，而且每块上面都有图案，但我之前从来没有看出图案的内容。后来我把前七个拼图放到一起，发现可以组成某种类似符号的东西，但如果没有最后一块，我依然无法看出是什么图案。”

“现在你能看出来了?”

“嗯，是一颗星星。”

“不是一颗普通的星星，我的朋友，是那颗星星。”

“我有点儿听不懂你的话。”

“月光照耀下的夜空，每一颗星星都很亮，但那颗星星格外明亮。”

“哪颗星星?”

“北极星，繁星中最明亮的一颗。”

突然，朱利安大喊一声：“出来了！是时候了！咱们走。”他拉着我的胳膊冲出了大楼。我们跑下台阶，跑上一条弯弯曲曲的小路，一直跑到一片旷野中。然后停下脚步，静静地站在那里。

“事情完全像圣人们预测的那样。”朱利安兴奋地说道。

“发生什么了?”我环顾四周，没有发现什么异常的景象。

“看那儿!”他指着漆黑的夜空中一颗冉冉升起的星星。这颗星星越来越亮，它的光辉渐渐照亮了黑暗的夏日夜空。不一会儿，星星的光芒变得更加强烈，我不得不用手遮住眼睛。这一幕就像篮球赛那晚的景象一样，但这颗星的亮度比那时高了100倍。尽管此时我的手表显示已是凌晨12点一刻了，但整个天空亮得仿佛正午一样，这景象真是太不可思议了。

我回头望望朱利安，只见他脸上满是欣喜与激动。他露出灿烂的笑容，双手紧扣在一起，就像印度人欢迎贵宾时的传统礼仪。

“记住眼前的景象吧，彼得，这种奇观一千年才会出现一次。喜马拉雅山那些圣人早已预测到了今晚这一奇观，时间丝毫不差。我肯定他们现在也正在欣赏这一幕美景，我希望他们此刻像我一样激动。我非常想念他们。”

“为什么会出现这种奇观？”我问道，然后赶紧回头盯着夜空，生怕错过一秒钟。

“这一幕，是大自然进入新时代的标志，一个全新的领导与生活的时代来临了。这个世界充满了太多的动荡与波折，以至于许多人都放弃了希望。他们对自己失去了信心，觉得无法改变任何现实。他们消极地对不确定的现实俯首称臣，不敢尝试超越自我，不去争取更大的成就，不去作出更大的贡献，不去赢得更大的成功。许多人甚至放弃了生命的恩赐。我们正在见证的奇观将像火炬一样，提醒领导者们肩负的责任，让他们成为拥有远大目光的领袖。它将成为他们的起床号，让他们朝着梦想前行，照亮他们的组织，就像北极星照亮这个夜空一样。它将使他们成为光明的使者，成为人们仰赖的指引方向的领路人。点燃你的理想之火，让它在心中熊熊燃烧，为你身边所有人照亮前进之路。这就是领导力的终极目标，也是人生的终极目标。”

生命的意义

夜色恢复了正常，我们在草地上坐下来。朱利安接着说：“在所有的领导力法则中，永恒的真理之一是：生活的意义在于有意义地生活。”

“太精辟了。”

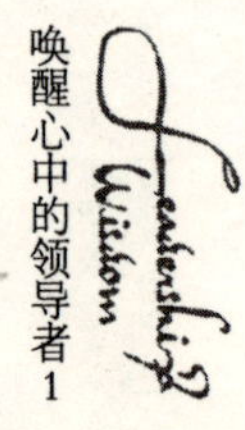

“领导力的最大奥秘在于，你付出的越多，获得的就越多。而当一切话语与行动都完成之后，你能够给予的最贵重、最持久的礼物就是你遗留下的礼物。你给后代留下的最好的遗产是你为组织增添了价值，提高了其他人的生活质量。正如伟大的人道主义慈善家艾伯特·史怀哲所说，‘没有比人道服务更高尚的宗教了。为共同的善而工作是最伟大的信仰’。为了更好地说明这个道理，我引用一位弥留之际的父亲给儿子的话，他说：‘在为人类赢得一次胜利之前，死亡是可耻的。’”

“那么你是在说，高瞻远瞩的领导者在实践第八项仪式的时候，会把他们当前的工作与他们未来服务的对象联系起来。”

“说得好，彼得。当他们离开这个世界之后，留下了丰富的服务印记和巨大的贡献，这样的领导者将领导力与贡献联系到了一起。通过这一过程，他们完成了自己的使命，即充分释放员工的个人潜力，为有价值的事业而奋斗。我们之前所有伟大的领导者，都立志实现这一高尚的目标，不管他们是商界的领导人，还是学术界的科学家，甚至是艺术家。萧伯纳去世前人们问他，如果能再活一次，他会做什么。虽然他这一生的丰功伟绩已经比我们所梦想的还要多，但他仍然谦虚地回答说：‘我想成为我能够成为但却未能成为的人。’”

“真是睿智的人！”我回答说。

“是的，他的话让我想起一个小故事，是列夫·托尔斯泰的《伊凡·伊里奇之死》，你听说过吗？”

“没有。坦白地说，我从来没有读过托尔斯泰的作品，我想是因为我没有时间吧。”

“伟大的文学作品蕴藏着丰富的智慧，然而多数人忙到没有时间去发现，所以他们继续在工作与生活中犯错。如果他们每周花几个小时仔细读一读那些文学名著，就可以轻松地避免犯这些错误。在这个故事里，托尔斯泰写的是一个叫伊凡·伊里奇的人。”

伊里奇是一个爱慕虚荣的物质主义者，他一心想往上爬，他追求表面的成功，而没有脚踏实地地做事。他年轻时结婚，不是因为他真爱自己的妻子，而是因为这个婚姻可以给他带来更高的社会地位。后来他有了一群孩子，不是因为他喜欢孩子，而是因为社会地位所迫。他不想花时间与家人在一起，没有努力营造温馨的家庭氛围，而是把所有时间都花在工作上。作为一个高级政府律师，他对自己的社会地位沾沾自喜。

他为了保持表面的光鲜，开始过起更加奢侈的生活，开始入不敷出，最终面临巨额的债务。这导致他深感绝望。也许是天无绝人之路，正当走投无路时，他获得一个地位更高、收入更多的法官职位。他用丰厚的薪水买下了梦寐以求的大房子。他对此非常骄傲，开始投入大量时间和精力装修房子，还购买了昂贵的古董与时髦的家具。他想把这个房子装修得富丽堂皇，让身边所有的人都羡慕。

有一天，他站在一个高凳子上对家具商说明要什么样式的窗帘。突然，他不小心跌了下来，受了伤。这次跌伤之后，他像完全变了一个人，脾气变得暴躁，经常因为鸡毛蒜皮的小事对妻子大打出手。经过医生的诊断，他患了严重的疾病，医生给出了各种治疗方案，但是伊凡·伊里奇的病情越来越严重了。短短几个月内，曾经生龙活虎、欢快愉悦的他变得奄奄一息，眼睛里看不到生机，身体非常虚弱。在寂寞与痛苦中，伊凡·伊里奇开始反思自己的人生。首先，他想到了自己的童年，然后是努力奋斗的青年时代，最后，他悲哀地想到了自己目前的状态。突然，他的脑海里浮现出一个问题，一个深深刺入他灵魂深处的问题。

他不断地问自己，‘我的一生是否全错了？’他在人生中第一次意识到，他为了社会地位不择手段，为了表面光鲜苦心经营，这些实际上都没有任何意义。这个垂死的人意识到，生命本身就是一种恩赐，他的人生本来完全可以是另一番景象，他本可以作出更大的贡献，他本可以大胆地追逐梦想，他本可以成为应该成为的人。然而相反，他在无足轻重的琐事中浪费了自己的光阴，他追求的所有事情都与改善周围的世界无关。意识到这一点之后，他的疼痛更加剧烈，他的精神也在折磨着他，他已无法承受，开始大声尖叫，整整持续了三天。

然后，就在他去世前两个小时，他自言自语地说：'是的，整个一生都做错了。'随后他不再叫喊，只是静静地沉思：'应该怎么做才是正确的？'正在这时，他还在上学的小儿子走了过来。儿子因为父亲的病陷入了深深的悲伤之中，他慢慢地走进房间，来到父亲床前。父亲虚弱地抬起手，放在儿子的头上，儿子忍不住哭了起来。在这一刻，伊凡·伊里奇突然领悟到了一个永恒的真理。他突然意识到，他这一生虽然过得没有太大意义，但此刻纠正自己的失败为时不晚。他明白了，他的义务是让周围的人过得更好，尽可能丰富他们的人生。即使一生只做了一件有意义的事，那也值得。所以，作为他这一生的最后一个行动，他请求儿子离开病房，不再让儿子因为看到自己的病痛而伤心。随即，他闭上眼睛，离开了人世。

我被这个故事深深地打动了。我仰望星空，呼吸了一下新鲜的空气，凝视着大自然的美妙造化。我回顾自己已经度过的人生和所有错过的事情，我想到了依赖我的所有员工。对他们，我没有尽到自己的义务。我沉思了一番我们公司的巨大潜力，后悔曾错失了很多良机。然后，我的思绪又回到了自己的家庭，当我想起错过了太多本可以与两个儿子一起度过的美好时刻时，忍不住有些哽咽。小联盟棒球赛、圣诞音乐会、阳光灿烂的下午在公园里尽情欢笑，这些都被我错过了，因为我没有勇气过美好的人生。我想起了我的小儿子，他对我唯一的要求就是多陪他玩会儿，多对他笑笑。我想起了他哥哥，几个月以来，我甚至没有陪他一起度过一个夜晚。我想起了萨曼莎，想起那些没有兑现的浪漫约会。我错过了生命中最有意义的事情。

但是，正如伊凡·伊里奇在弥留之际所领悟到的，任何时候开始做正确的事情都不算迟。这一刻，我发誓要改变自己的生活方式。我的心告诉自己，我有能力成为伟大的领导者，我应该做到；我有能力成为体贴的丈夫、慈祥的父亲，我发誓要做到；我有能力更加积极乐观地生活，我承诺一定要做到。我回头看了看朱利安，他同样也已泪流满面。

“我想，你现在明白我的话了，我的朋友。成为你注定要成为的那种人，为后人留下一些有价值的东西，这就是生命的意义，也是留下遗产的本质。正如拉曼所说的，‘所谓伟大的成就就是开创一番可以延续的事业’。”

我擦干眼泪，说：“我的父亲经常说，人生的前50年全心建立自己的立世之本，后50年全心建立自己的遗世之物。之前，我一直不太明白他这句话的意思。”

“令尊用全部的人生智慧概括了这个道理，喜马拉雅山上的圣人们也有一句话，体现了令尊那句话的本质。”

“怎么说的?”

“他们曾经对我说：‘当你降临人世时，世界在你的啼哭声中欢笑；当你离开世人时，世界在你的微笑中落泪。你的生命应该这样度过。’只有这样，你的生命才算圆满。”

“听君一席话，胜读十年书啊，朱利安。这么说，我终生追求的目标就是做一个好领导，为后人留下遗产吗?”

“你的贡献肯定不止于此。你一生中能够奉献的最深刻、最美好的东西，才是你的终极贡献。这些贡献既反映了你现在的水平，也将反映

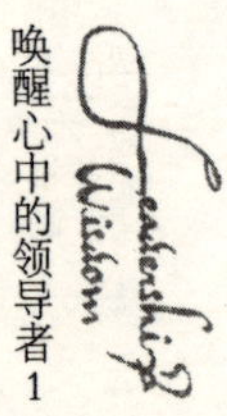

你未来的成就。留下遗产不是为了让你的朋友们刮目相看，或者使你爬到事业的顶峰，它不光是外表的光鲜，而是要以做好事为原则。更重要的是要完成你的使命，发挥你的人性。以贡献为基础是最有效的领导方式，采用这种领导方式，将使你做到世界上很少有领导者能够做到的事情。”

“什么事情?”

“在创造成功当前的同时，建立有远大前途的未来。各行各业的领导者都应该致力于做到这一点。”

最后的礼物

说完，朱利安陪我走回天文台的入口处。在台阶下面，有一个小木盒，上面盖着一块干净的白布。朱利安弯下腰，充满敬意并小心翼翼地捧起木盒。

“给，这是为你准备的。我要离开了，你自己领悟了第八块拼图的奥秘。你是我见过的最好的学生，接受能力非常强。我们第一次见面是在高尔夫俱乐部，那时你刚开始接触圣人们的领导智慧，直到今晚在天文台你全部了解了我要与你分享的智慧。

“我对拉曼许诺过，要将我学到的知识传播到我们的世界，为了感谢你帮助我实现了这一许诺，请收下这个礼物。盒子里的东西对我意义重大，自从我离开喜马拉雅山之后，它一直伴随着我。我想，把它送给你是最好的选择了。我对你只有一个要求，请务必把我传授给你的知识用于实践，并且在你的组织上下传遍这八项仪式。这样你不仅能改善领导力，而且能改变你周围人的生活。”

说完最后这些话，朱利安走过来，像一个老朋友那样拥抱了我。然后转身迅速消失在夜色之中，精美的长袍一闪不见了。我打开木盒，看到这件礼物由手工布料小心地包着。我迅速揭开盖布，急切地想知道朱利安给我留下了什么礼物。

盒子里是一个亮闪闪的东西，我不禁会意地笑了。这是在篮球赛那晚朱利安一直拿在手里的小望远镜。我简直不敢相信，他竟然把这么珍贵的礼物送给了我，我知道这个望远镜对他来说有多重要。

拿起望远镜，我看到上面刻着一行优美的小字：致我聪明无比的朋友彼得，我知道你将感动许多生命。愿你的领导智慧大放光芒，化压力为力量，变黑暗为光明。你的崇拜者，朱利安。

意义

朱利安的智慧概览

仪式
○ 将领导力与贡献相连

本质
○ 关于贡献与意义的仪式

智慧
○ 生活的意义在于有意义地生活。
○ 致力于青史留名的事业，改善周围人的生活。
○ 所谓伟大的成就就是开创一番可以延续的事业。

实践
○ 在创造成功当前的同时，建立有远大前途的未来
○ 以贡献为基础的领导力

箴言

你一生中能够奉献的最深刻、最美好的东西，才是你的终极贡献。这些贡献既反映了你现在的水平，也将反映你未来的成就。留下遗产不是为了让你的朋友们刮目相看，或者使你爬到事业的顶峰，它不光是外表的光鲜，而是要以做好事为原则。更重要的是要完成你的使命，发挥你的人性。

高瞻远瞩领导者的 8 项仪式

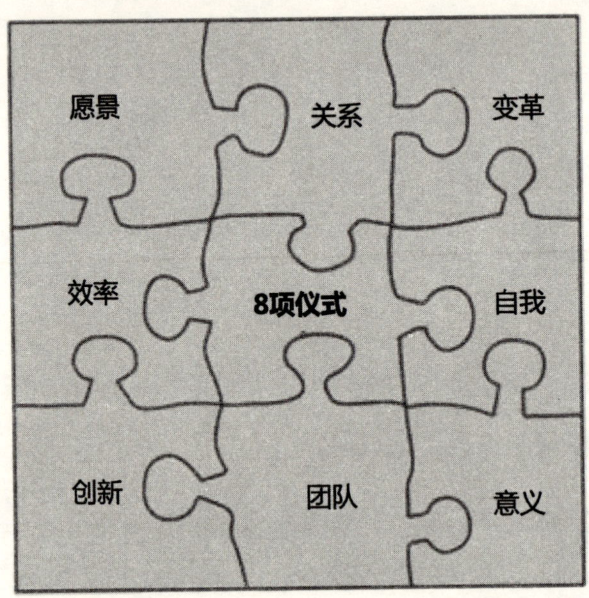

1 视野决定未来 ——关于振奋人心的未来的仪式

2 用脑管理，用心领导 ——关于人际关系的仪式

3 定期奖励，充分认可 ——关于团队团结的仪式

4 顺应变革 ——关于适应能力和变革管理的仪式

5 专注有价值的事 ——关于个人效率的仪式

6 领导者领导自我 ——关于自我领导的仪式

7 视所有人所能视，想无人所能想 ——关于创造力与创新的仪式

8 将领导力与贡献相连 ——关于贡献与意义的仪式

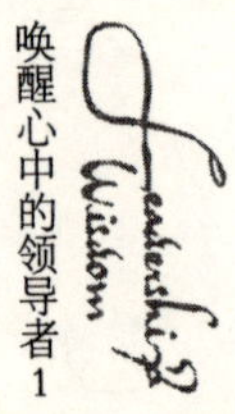

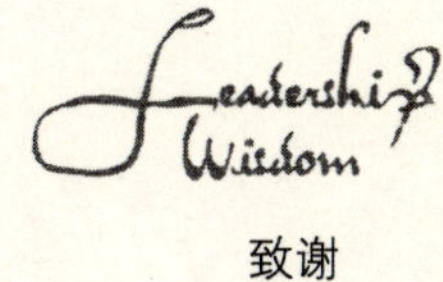

致谢

感谢众多读过《卖掉法拉利的高僧》的朋友，感谢他们与家人和朋友分享书中的智慧，帮助我传播这些提升生活品质的信息。

感谢参与过我在北美举办的研讨会的朋友。特别感谢夏玛领导力国际公司的客户，感谢他们为提升员工领导力而资助“个人与组织领导力”这一项目。我很荣幸能为你们的成功尽一份力。

感谢哈珀柯林斯出版集团的整个团队，你们使得这一切成为一次非常惬意的经历。特别感谢 Claude Primeau 的指导，Iris Tupholme 的信任，以及我极具洞察力且高度专业的编辑们，包括 Judy Brunsek、Tom Best、Marie Campbell、David Millar、Lloyd Kelly、Doré Potter、Valerie Applebee、Neil Erickson 和 Nicole Langlois。

感谢夏玛领导力国际公司的优秀团队，感谢你们付出的精力和对我的支持，感谢你们为我准备各种公司研讨会和媒体见面会。

感谢我的母亲和父亲，我非常尊敬他们，并对他们怀有无限的热爱。感谢我亲爱的兄弟 Sanjay 对我不懈的支持和信任，感谢他的妻子 Susan。

也感谢我的儿子科尔比（Colby），他让我在写作期间保持愉悦的心情（本书部分内容得益于他“好奇的乔治”的故事）。感谢我的女儿比安卡（Bianca），她就是我的开心果。

一切为了您的阅读价值

★ 您知道自己为阅读付出的最大成本是什么吗?

★ 您是否常常在读过一本书后，才发现不是自己要看的那一本?

★ 您是否常常发现很多书都是一时冲动买下，至今一字未读?

★ 您是否常常感慨书的价格太贵，两百多页，值四十多元钱吗?

阅读的最大成本

读者在选购图书的时候，往往把成本支出的焦点放在书价上，其实不然。

时间才是读者付出的最大阅读成本。

阅读的时间成本=选择花费的时间+阅读花费的时间+误读浪费的时间

选择合适的图书类别

目前市场上的**图书来源**可以分为**两大类，五小类**:

1. 引进图书：引进图书来源于国外出版公司，多从其他语种翻译成中文出版，反映国际发展现状，但与中国的实际结合较弱，其中包括三小类:

a）教科书：理论性较强，体系完整，但多为学科的基础知识，适合初入门的、需要系统了解一门学问的读者。

b）专业书：理论性、专业性均较强，需要读者拥有比较深厚的专业背景，阅读的目的是加深对一门学问的理解和认识。

c）大众书：理论性、专业性均不强，但普及性较强，贴近现实，实用可操作，适合一门学问的普通爱好者或实际操作者。

2. 本土图书：本土图书来源于中国的作者，反映中国的发展现状，与中国的实际结合较强，但国际视野和领先性与引进版相比较弱，其中包括两小类，可通过封面的作者署名来辨别:

a）“著”作：大多为作者亲笔写就，请读者认真阅读“作者简介”，并上网查询、验证其真实程度，一旦发现优秀的适合自己的作者，可以在今后的阅读生活中，多加留意并了解。

b）“编著”图书：汇编了大量图书中的内容，拼凑的痕迹较明显，建议读者仔细分辨，谨慎购买。

阅读的收益

阅读图书最大的收益，来自于获取知识后，**应用于**自己的**工作和生活**，获得品质的**改善和提升**，油然而生无限的**满足感**。

我们出版的所有图书，封底和书脊都有“湛庐文化”的标志

并归于两个品牌

找“小红帽”

为了便于读者在浩如烟海的书架陈列中清楚地找到我们，我们在每本图书的书脊上部 47mm 处，全部用红色标记，称之为——小红帽。同时，“小红帽”上标注“湛庐文化”字样，小红帽下方标注所属图书品牌名称。

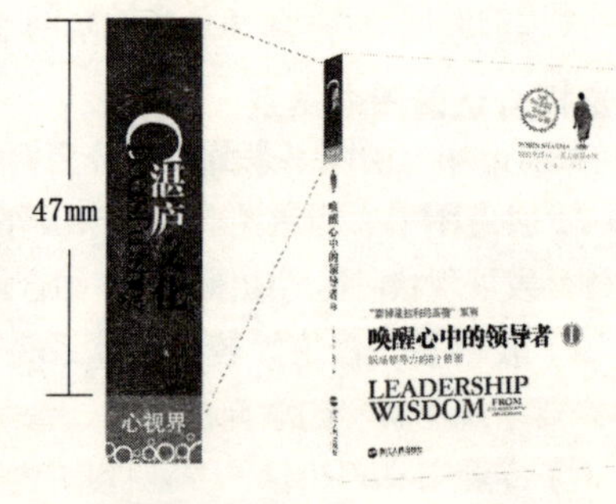

湛庐文化主力打造两个品牌：**财富汇**，致力于为商界人士提供国内外优秀的经济管理类图书；**心视界**，旨在通过心理学大师、心灵导师的专业指导为读者提供改善生活和心境的通路。

用轻型纸

您现在正在阅读的这本书所使用的是轻型纸，有白度低、质感好、韧性好、油墨吸收度高等特点，价格比一般的纸更贵。

关注阅读体验

我们目前所使用的字体、字号和行距，是在经过大量调查研究的基础上确定的，符合读者阅读感受。每页设计的字数可以在阅读疲劳周期的低谷到来之前，使读者稍作停顿，减轻读者的阅读疲劳，舒适的阅读感觉油然而生。

所有的一切都为了给您更好的阅读体验，代表着我们“十年磨一剑”的专注精神。我们希望湛庐能够成为您事业与生活中的伙伴，帮助您成就事业，拥有更为美好的生活。

湛庐文化 Cheers Publishing

湛庐文化2008-2011年获奖书目

《牛奶可乐经济学》

国家图书馆“第四届文津奖”十本获奖图书之一，唯一获奖的商业类图书。
搜狐、《第一财经日报》2008年十本最佳商业图书。
用经济学的眼光看待生活和工作，体验作为“经济学家”的美妙之处。

《大而不倒》

《金融时报》·高盛2010年度最佳商业图书入选作品。
美国《外交政策》杂志评选的全球思想家正在阅读的20本书之一。
蓝狮子·新浪2010年度十大最佳商业图书，《智囊悦读》2010年度十大最具价值经管图书。
一部金融界的《2012》，一部丹·布朗式的鸿篇巨制。

《金融之王》

《金融时报》·高盛2010年度最佳商业图书。
蓝狮子2011年度十大最佳商业图书，《第一财经日报》2011年度十大金融投资书籍。
权威透视国际金融界大佬在大萧条中的群像著作。
一部优美的人物传记，一部独特视角的经济金融史。

《富可敌国》

蓝狮子·《第一财经日报》2011年度最佳金融商业图书。
《第一财经日报》2011年度十大金融投资书籍。
源自300个小时的真实访谈，一部权威的对冲基金史。

《认知盈余》

2011年度和讯华文财经图书大奖。
看“互联网革命最伟大的思考者”克莱·舍基如何开启无组织的时间力量。
看自由时间如何成就“有闲”世界，如何引领“有闲”经济与“有闲”商业的未来。

《微力无边》

2011年度和讯华文财经图书大奖“最佳装帧设计奖”。
中国最早的社会化媒体营销研究者杜子建首部作品。
一部微博前传，半部营销后传。

《神话的力量》

《心理月刊》2011年度最佳图书奖。
在诸神与英雄的世界中发现自我，当代神话学大师约瑟夫·坎贝尔毕生精髓之作。

《facebook效应》

《金融时报》·高盛2010年度最佳商业图书入选作品。
蓝狮子·新浪2010年度十大最佳商业图书，《新智囊》2011年度最具价值十大经管图书。
首度公开facebook非凡创业的26个细节，马克·扎克伯格及40多位核心高管倾情讲述。

《真实的幸福》

《职场》2010年度最具阅读价值的10本职场书籍。
积极心理学之父马丁·塞利格曼扛鼎之作，哈佛最吸引人、最受欢迎的幸福课。

《绕着大毛球飞行》

蓝狮子·《职场》2011年度最佳职场图书。
畅销13年的职场创意手册，贺曼贺卡公司创意总监倾情之作。

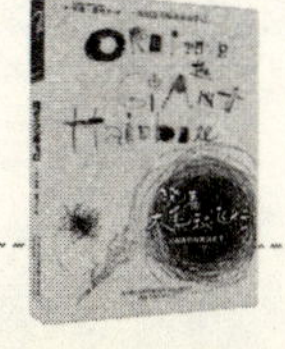

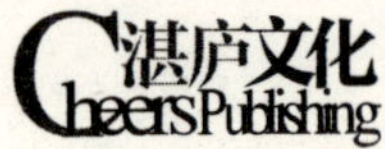

延伸阅读

《正能量》

◎ 前思科中国区总裁林正刚职场智慧之作

◎ 创新工场董事长兼首席执行官李开复鼎力推荐

◎ 首次分享35年经理人养成心得，为有追求的职场人注入正能量

◎ 97个工作情景，60条职场箴言

《非你莫属》

◎ SOHO中国董事长潘石屹鼎力推荐

◎ 大型职场类互动节目收视第一的金牌节目《非你莫属》同名书籍

◎ BOSS团10位最具人气BOSS的深度访问

《干法》

◎ 日本经营之圣稻盛和夫最新、最热销的著作。

◎ 叱咤商界70余年的长者写给每位职场人的工作真谛。

◎ 日本前首相鸠山亲笔赞誉，创下日本狂卖20万册的白金纪录。

《深夜加油站遇见苏格拉底》

◎ 一本改变无数生命的心灵圣经

◎ 好莱坞励志影片《和平战士》根据本书改编

◎ 翻译成30余种语言，畅销26年不衰

《潜意识的力量》

◎ 影响人类进步的50部励志经典之一

◎ 潜意识大师墨菲博士最具应用价值之作

◎ 改变全球数千万人的职业命运，成就你的幸福人生

图书在版编目（CIP）数据

唤醒心中的领导者1：职场领导力的8个拼图 /（加）夏玛著；韩波译. —杭州：浙江人民出版社，2012.11

（卖掉法拉利的高僧系列）

ISBN 978-7-213-05099-2

Ⅰ.①唤… Ⅱ.①夏… ②韩… Ⅲ.①领导学—通俗读物 Ⅳ.①C933-49

中国版本图书馆 CIP 数据核字（2012）第204631号

浙江省版权局
著作权合同登记章
图字:11-2012-184号

唤醒心中的领导者1：职场领导力的8个拼图

作　　者：[加] 罗宾·夏玛　著

译　　者：韩　波　译

出版发行：浙江人民出版社（杭州体育场路347号　邮编　310006）

市场部电话：（0571）85061682　85176516

集团网址：浙江出版联合集团　http://www.zjcb.com

责任编辑：金　纪

责任校对：张志疆

印　　刷：北京京北印刷有限公司

开　　本：720 mm × 965 mm　1/16　　**印　　张：**14.75

字　　数：20.4万　　**插　　页：**6

版　　次：2012 年11月第 1 版　　**印　　次：**2012 年11月第 1 次印刷

书　　号：ISBN 978-7-213-05099-2

定　　价：39.90元

如发现印装质量问题，影响阅读，请与市场部联系调换。

湛(zhàn)**庐**(lú)

铸剑大师欧冶子『十年磨一剑』，炼就了『天下第一剑』湛庐剑。

——《吴越春秋》记载